はじめに

私たち生品保育園の保育目標は、子どもたちが「豊かな遊びをとおしてたくましく健やかに育つ」ということです。いつの時も、子どもにとって最も大事なことは、明るくあたたかな太陽とそよぐ風とみどりの木のもとでぞんぶんに体を動かし遊ぶこと。だから、生品では、「水」と「泥」と「散歩」、そして「薄着」と「素足」を保育の基本として、開園以来変わらず大切にしてきました。豊かな感性を育み、仲間とともに思いのまま遊びこむことを通して、心身ともにしなやかで、豊かに自分を「表現」できる子どもに育ってほしいと願ってきました。

子どもは明日に向かって生きています。だから、くじけてもまた挑戦する「意欲」のある子に育って欲しいと思います。どんなに失敗してもいい保育園時代だからこそ、繰り返し、繰り返したくさんのことに挑み、頑張ることのここちよさや、頑張れると自分に自信が持てるようにさせてあげたい。そうした内的な緊張、楽しみに満ちた日々を送らせたい、と思います。

そして保育者は、なにより「子ども心」を失わないでいたいと思う。いつもその心を持ちながら、子育ての共有者として、保護者とともに子どもたちのたくさんの輝きの日々を作っていきたいと思います。

子どもたちの未来を見据え、大人たちの願いと情熱に支えられ、子どもたちの歓声がどこまでも響きわたる保育園、そんなあたたかな風がいつも吹いている園、それが私たちのめざす保育園です。

目次

第Ⅱ章　幼児の世界

編　集…………名古屋　龍司
装　丁…………山田　道弘
本文中イラスト……新原　みゆき

STA

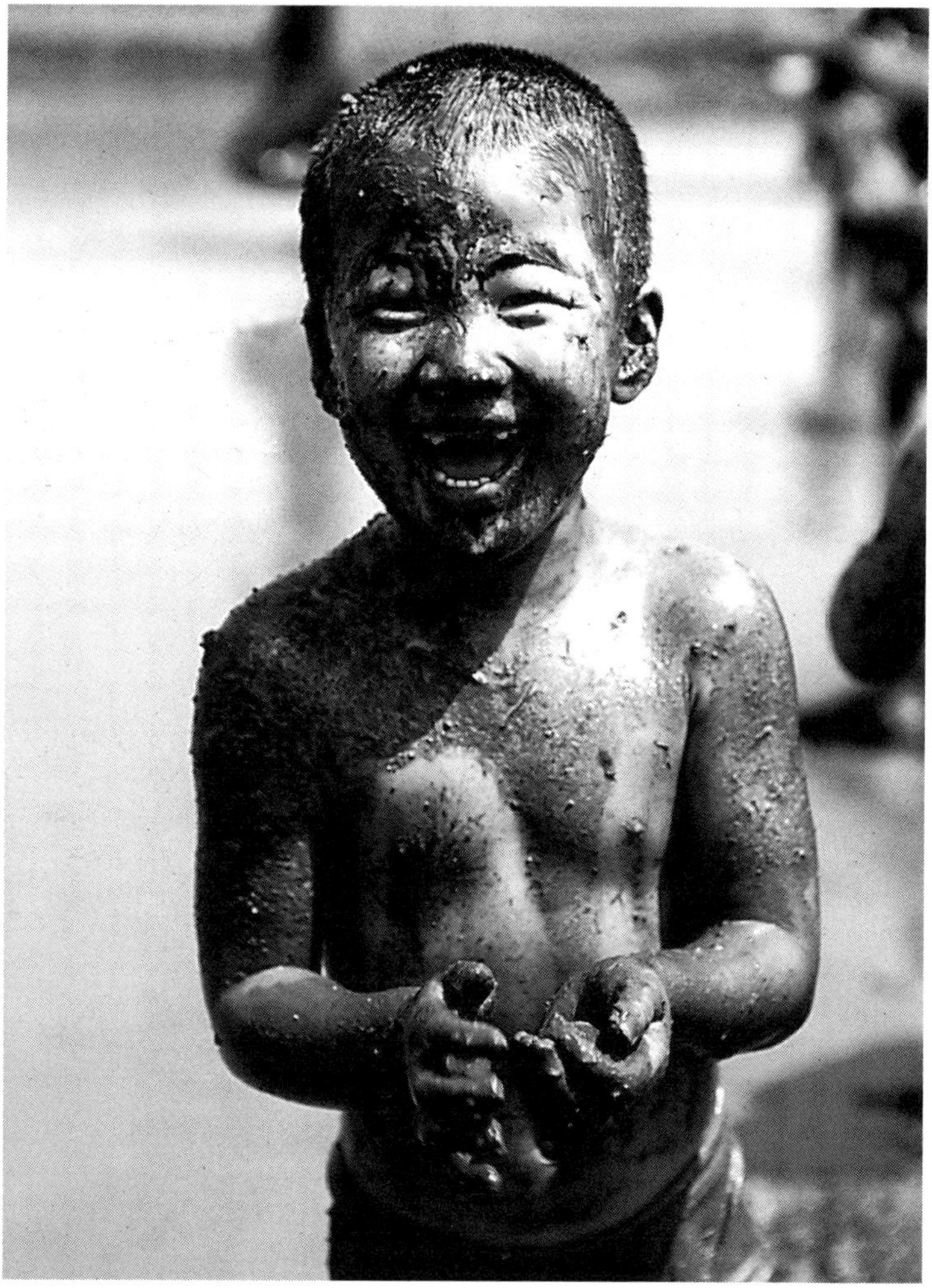

乳児・豊かな感性を育てる

第Ⅰ章

豊かな五感を育てるために

―生品の乳児の保育―

乳児時代は大人（保育者）の支えの中で、五感を豊かに発達させることを私たちはなにより大切に考えています。生後四ヶ月くらいの赤ちゃんは、母親のあたたかい眼差しや、手足の緊張をほぐす活動などによって「はしゃぎ活動」をするようになります。この活動にていねいに応えあやしてあげることが、その後の成長の道筋にとてもかかわってくるのではないでしょうか。そうした安心できる感覚を育てながら成長し、「ハイハイ」をするようになるころには、次に末端部を刺激していくあそび（たとえばワニ這いをしっかりさせることなど）をしていきます。

やがて、十ヵ月から一歳ごろになると喃語がでて、しだいに「まんま」「ぶーぶー」などのカタコトがはじまるようになると、大人の語りかけがいっそう大事になってきます。同時に、物が掴めるようになってくる赤ちゃんに、さまざまな感触あそびを経験させてあげます。豊かな感触を楽しむことが、発達をうながす一番の早道だと思っています。

歩けるようになると、生品では毎日のように散歩に行きます。外に出るとより豊かな刺激を受けることができますし、もちろん土踏まずをつくることなどの体づくりの面での大切さもあるからです。

やがて二歳になり、言葉も出、自分の意思を持つようになり、子どもたち同士のぶつかり合いが出てくると、感覚をもっと豊かにしていくための、みたてつもり活動やごっこ遊びなどを豊かに展開していきます。

1 ひよこ組（0歳児クラス）

●安心の中で五感を育む

0歳で入所してくる保護者の多くは、その固く険しい表情から、大きな不安を抱えていることが伝わってきます。「おはようございます」と声をかけても、声にならない声でしか返事が返ってきません。子どもを受け取り、「心配でしょう」と声をかけると、ただうなづいて、涙目になってしまうお母さんもいます。0歳の我が子を初めて保育園に預ける保護者の不安をできるだけ知り、寄り添っていくために、毎日の登園、降園時をはじめ、保育参観、勤労奉仕、懇談会など、保護者の方々とのこまかな関係づくりを大事にしています。保護者との良い関係が基盤となってこそ、子どものより良い成長が望めると信じているからです。

人生の中で一番急激に発達するのが0歳時期。保育を進めていくうえでは、「～ができるようになった」ということだけを喜ぶのではなく、それまでの過程を大事にすることを念頭におき、保育を進めていきたいと考えています。一人ひとりの子どもの願い、悩み、不安などをしっかりと受け止め、その時々の子どものようすで先を見通しながらも、柔軟に計画を変化させ、実践は大胆に、一人ひとりを見る目は細やかに、保育者の意思統一を図ることを大切にしていきたいと思っています。

保育園に初めて登園した子が親から離れる時、月齢六ヶ月以下の子はそれほどでもありませんが、十ヶ月を過ぎた子は汗だくになるほど泣くものです。そんな子も一週間を過ぎることになると、泣かずに登園し、少しずつ好きなもので遊べるようになっていきます。ゴールデンウィークから一週間を過ぎるころには、「おはよう」と声をかけて手を差し出すと、保育者に向かって来てすぐに遊びに入れるようにもなるものです。

●あやし遊び――赤ちゃん体操

産休明けで入園してきた子は、保育園にいるほとんどは寝て過ごします。眠りから覚め、ゆったりとした雰囲気でミルクをたっぷり飲み、満足した時が、あやし遊びのチャンスです。仰向けの赤ちゃんの顔を覗き込み、目と目をしっかり合わせてあやします。すると、大好きな保育者の顔と声に反応し、とびっきりの笑顔を見せ、手足をバタバタと動かし、「うれしいよ、楽しいよ、もっと遊んでよ」と反応を示してくれます。そしてまた気持ちよさそうに眠りにつくのです。こんなことを繰り返していくうち、生後四ヶ月くらいになると、大好きな保育者の動きを目で追いかけながら、あやしてほしそうに「ウックンウックン」と声を出し、手足を曲げたり伸ばしたりするようになります。「何？何？　遊んでほしいのね」「伸び、伸び、伸び」と手や足をさすり、「気持ちいいねえ」と声をかけながら赤ちゃん体操を始めます。

生後五、六ヶ月で入園し、まだ保育者に慣れない子は、遊んでほしいという訴えがなかなかできないものです。そんな時はあやし遊びから始め、この人（保育者）といたら楽しい、安心だと思えるように関係を作っていきます。そして一人ひとりの子どもに合わせ、マッサージ、手足の曲げ伸ばし、寝返り運動、ギッタンバッコン、手押し車など、子どもの好きな歌や手遊びの曲などを口ずさみながら行っていきます。でもなかには、仰向けになってのマッサージや手足の屈伸では、とてもリラックスし、脱力しているのに、抱き上げた瞬間、手をギュッと握り、体を硬くして表情までも固まってしまう子もいます。また、横になってのマッサージは嫌だけど、「高い高い」なら大好きという子もいて、一人ひとりが実にさまざまな反応を示します。

●ゆさぶり遊び

首がしっかりとすわり、寝返りやハイハイなど移動することを覚え始めた子どもたちは、ハンモックに乗ってゆすってもらったり、保育者の膝の上に乗って、向かい合って「ガタゴトガタゴト」と膝を上下してゆすってもらったり、脇をかかえて抱っこして「カッチカッチ」と時計の振り子のように振ってもらったりすることを喜びます。大好きな保育者の体を使って、子どもが身体を動かしてもらう遊びを楽しむようになるのです。このような安心して気持ちよく楽しめる遊びが平衡感覚を養い、しっかりとした〝歩き〟へとつながっていくのです。

●感触遊び

子どもたちが十時のおやつを食べている間、保育者は園庭にテーブルと椅子、シートとお盆を出して、午前中の主活動である〝感触遊び〟の準備をします。おやつを終えた子どもたちに、外を指差し「見て見て、お外でパーンして遊ぶ？」と手を叩いてみせます。子どもたちの反応はというと、キョトーンとした顔で保育者を見ている子や、保育者の指差しした方向や指を見ている子、「何が始まるの？」と言わんばかりの表情で保育者を見つめる子もいます。「ホラ、これだよ」と、テーブルとお盆の上に片栗粉を山盛りに出して見せると、今度は、わかったふうに園庭のテーブルに向かって這い出す子、じっと片栗粉を見つめる子、保育者に抱っこを求める子と、これも反応はさまざまです。それでもみんなで外に出て、お座りのできる子は椅子へ、お座りのできない子はシートに腹ばいにします。椅子に座るのがイヤで、保育者の膝にいる子もいます。

テーブルに山ほど積んだ粉を、一人ひとりの前に「どうぞ」と小分けにしてみます。すると、みんないっせいに手を伸ばします。保育者は「ヤッター！　みんなちょっとは興味を示した」と一安心。粉はキュッキュッと音がでそうなくらい、きめ細かい感触です。手の甲に粉を載せ、擦ってみるとつるつる、すべすべ。保育者の膝にいたゆみちゃんも、いつの間にか椅子に座り、腕を左右に大きく動かして一番ダイナミックに楽しんでいます。シートの上のいくみちゃんはいつものようにシートを手で叩き、音を楽しんでいました。ところがシートを叩いていた手が、どうしたわけかお盆の中に。その瞬間、お盆の中の粉がパーッと舞い上がり、いくみちゃんは頭から顔まで粉だらけ。「ウワア～すごいね！　いくみちゃん」と保育者が歓声を上げると、また手を振り上げてお盆を叩き、何度も繰り返します。いつになったら粉だらけの自分に気づくのでしょう。粉の感触を楽しんでいるのではなく、保育者の「すご～い」という声に反応しているのです。

そんないくみちゃんの真っ白い姿に魅せられてか、じゅゆうくんが椅子から降りてお盆の所にやってきました。そしてお盆の上の粉をパーン……。顔が真っ白になりながらも、ニコニコ嬉しそうにパーンパーンしています。「じゅゆうくんのお顔真っ白だね」と声をかけると、いくみちゃんを見て自分の姿が想像できるのか、両手でほっぺたを撫で始めました。保育者もじゅゆうくんのほっぺを撫でてみます。「つるつるで気持ちいいね」と声をかけると「ウーン」と大きくうなずき、つるつる感を味わっているかのように手や足も撫で始めました。

次に片栗粉に水を加えてみました。さっきまでと違った感触に大変身です。粉のときのダイナミックさはどこへやら、みんなテーブルの上のトロトロとにらめっこしています。そのトロトロを保育者がかき混ぜて握ると、指の間からニュルニュルと溶け出してきます。その行方を目で追っている子。指の間からニュルニュルを取ろうとする子、手から垂れたニュルニュルを掌に乗せる子？　ニュルニュルは蛇のとぐろのようになったかと思うと、また溶け出し、テーブルに垂れてしまいます。子どもたちは、そのようすを不思議そうに見つめ、何度も繰り返し同じ事をしています。お盆のいくみちゃんは、両手でかきまぜ、まるで平泳ぎをしているかのようです。

子どもたちがあまりにも良く遊ぶので、保育参観でそのようすを見てもらおうと考えました。こんなによく遊んで服を汚したのなら仕方ないと思ってもらえるだろうという思いからです。いざ始まってみると、「ウソッおもしろ〜い」「家じゃ、こんなことさせられないよね」「料理に使うだけじゃわかんないよね」などと声を上げながらテーブルを取り囲み、コネコネタラーリとしているのは親ばかりです。子どもはというと、自分たちの遊び場を占領されてしまい、シートの上で遊んだり、片栗粉をあきらめ、泥遊びをしたりしています。しばらくしてから親たちは、「あれ、うちの子は……ごめんね」。夢中になれる遊びとわかってもらえたようでした。

●水との出会い

ひよこ組の手洗い場は、つかまり立ちをはじめた子どもたちにとってかっこうの遊び場です。ハイハイで手洗い場に行き、二十センチの台によじ登って、流しの縁につかまり立ちをします。流しの中に少し残っている水を叩いてみたり、蛇口に口を付け、水を飲もうとしたり（コップなんてなくても水は飲めるのです。代々受け継がれた飲み方で、一歳児の姿から学んでいるのです）、栓を開けようとしたり、蛇口に指を突っ込み、水がタラ〜と出るのを見たり、保育者が水を出し雑巾をゆすごうものなら、「まってました」とばかり水をバシャバシャと叩く手の勢いが増します。いつの間にか、流し台によじ登り、中に入って遊んでいることもあります。

雨上がりの園庭では、予定外の水遊びが始まることもあります。「お砂場に行って遊ぼうね」と声をかけ、保育者が外にでると、ハイハイのできる子は、南側のテラスから階段を降りて園庭に出て行きます。砂場にたどり着くまでは何ヶ所もの誘惑があり、砂場遊びを始めたのは、まだハイハイもできず、保育者に抱いて連れていってもらった子だけです。砂場に向かう途中の水溜りとにらめっこしている子は、太陽の光で水がキラキラしているのが不思議なのか、水に映る自分を見ているのでしょうか？　恐る恐る水に手を入れている子もいれば、流し台の時と同じように、バシュバシャ水を叩き、しぶきがかかり、迷惑そうにしている子もいます。少しずつ水の中に入って行き、ついには水の中に座り込み、バシャバシャが始まってしまいます。ときには泥水の味をみてしまうことも……。

こうして少しずつ水遊びが始まっていき、夏本番の頃には部屋の前にビニールプールを出し、水を張って楽しむようになります。プールの中では、保育者の口ずさむリズムの曲で、「アヒル」をしたり「金魚」をしたり、ジョーロやカップで水を汲んではジャーッとこぼしたり、シャベルで水をすくったりして遊びます。たくさん遊んだ後は、温水シャワーでさっぱりして昼食となります。

ここに紹介したような活動を通し、子ども自らが働きかけることによって変化することを実感し、その実感したことを大好きな保育者に共感してもらう体験を繰り返すことで、何事にも意欲的になっていきます。そして、全面的な援助を必要としていた子どもたちも、0歳児クラスが終わるころには、月齢の差はあるものの、信頼できる保育者の見守りを支えとして、自分の力（歩行やハイハイ）で目的を達成させようという姿や、新しいことに挑戦しようという姿が見られるようになります。そうして、一歳児クラスへ進級していきます。

②ひよこ組（一歳児クラス）

一歳児クラスのひよこ組も、0歳児クラスと同様、保護者との関係を大切にしていきたいと考えています。身体的にも精神的にも、月齢差が大きいクラスなので、集団生活とはいえ「一つのことをみんなでいっしょに……」とはなかなかいきません。まずは一人ひとりの心根を受け止め、寄り添いながら、自分の思いを遂げられることの喜びを経験すること、「共感し、代弁すること」を大切にしていきたいと思っています。そして、一人ひとりが意欲的に取り組みたくなるような活動をし、その中で思う存分自分を表現し、仲間を意識し、自分に気づき、そして影響しあえる関係を築いていきながら、一歳児クラスの終わりには、みんなで一つのことに取り組めるようになれたら、という願いを持って一年を過ごしていこうと思っています。

●初めての絵の具、獅子の紙に色をつけよう

数年前の納涼祭で保護者が演じた「獅子舞」をきっかけに、どの年の子どもたちもみんな獅子が大好きで、牛乳パックで作った獅子を奪い合うようにして遊ぶようになりました。当時作った獅子もボロボロになり、数も不足してきたため追加作成することにしました。牛乳パック剥き出しでは格好がつかないので、子どもたちに色つけしてもらった紙を貼り付けることにしました。

園庭に絵の具遊びの準備をします。この間子どもたちはというと、部屋で絵本を見ていました。ほ

とんどの子どもは絵本に集中していましたが、園庭に出た保育者の準備具合を見て、今にも飛び出していこうとしている子どもも何人かいます。絵本を読み終わり、「次は絵の具で遊ぼう。お洋服脱いでパンツになって行こうね」と声をかけると、「待ってました」とばかりに、そのまま外に飛び出していく子、一生懸命にズボンを脱ごうとしている子、「もっと絵本が見たい」と泣き出す子、保育者の呼びかけとは関係なく、好きなおもちゃを出して来て遊びだす子など、在園児十名、新入園児十名がそれぞれの行動を取り、一番ざわついて大変な一瞬です。そのざわつきで不安になり、泣きながら保育者に抱っこを求めているまみちゃんをおんぶして、そのまんま外に飛び出してしまった子を追いかけます。「おズボン脱いでからよ〜、待って〜」なんて声をかけられたら嬉しくて、「キャーキャー」と声をあげてさらに走りまわり、追いかけ遊びが始まってしまいます。ときどき後ろを振り返って、保育者のようすを伺いながら逃げるじゅゆうくん。三歳児と見間違うような走りで逃げていくひろのりくん。まず「じゅゆうくん、つかまえた」と言いながら、ギューッと抱きしめ、「おズボン脱いで、絵の具する?」と言うと、じゅゆうくんは大きな目で「ウン」とうなづき、保育者にズボンを脱がせてもらいます。

次にひろのりくん。保育者がハアーハアー息を切らせてやっと捕まえて、「絵の具しようね」と声をかけている間に、手からすり抜けてまた走り出します。こうなるとしばらくはそのままにしておくしかありません。「走っていいよ……」と、ひろのりくんに声をかけて、次の子へ向かいます。部屋の中はまだ混乱しています。もっと絵本を見たいと泣いているあゆむくんは、「もっと本が見たかったん。絵の具で遊んだらまた見ようね」なんていう誘いには乗りません。絵本が入っている棚を指差して、自分が見たい本まで要求してきます。「『きいろのちょうちょ』が見たいんだね。だけど、この本は貸せないんだよ。大事な本だからね。これでいいかな?」と渡したのは『こどものとも年少版』。ちょっと不満そうだけど、受け取って本をめくり始めます。こんなあゆむくんも、みんなの仕度ができるころには、「ぼくも行くよ」と言わんばかりの表情で、自らズボンを脱いで園庭の絵の具へ向かいました。

さっさと自分でズボンを脱いで籠にしまってくるれいなちゃんは、「えらいねエ、おズボンしまって来たん?」と声をかけると、とても誇らしそうに、上向きかげんで「ウン」とうなずきます。「お友達のおズボンしまって来てくれる?」に、「ウン」と何度でもしまいに行ってきてくれます。

三輪車や押し車を乗り回している子には、「車は車庫にしまって来てね」と声をかけると驚くほど素直にしまってきます。ところが、ズボンを脱がせてもらう順番を待っていたのかと思ったら、パンツになり再び三輪車へ。「あれ! お外だよ。絵の具しよう」と誘っても、「ヘヘッ」といった表情で三輪車を乗り回しています。三輪車に乗りながらも保育者や周りの子のようすを伺っている感じです。「獅子の紙に色つけするんだよ~。大好きな獅子を作ろう」ともう一度声をかけると、乗っていた三輪車を放り出して外へ走り出てきました。

ズボンを脱いでたまるもんかといった感じのひかるちゃん。ズボンを両手で吊るし上げスベリ台の下に座り込んでいます。「どうしたんひかるちゃん、絵の具に行こう、おズボン脱ぎたくなかったら、そのままでいいよ」と声をかけても、「でも、みんな脱がされているじゃん」と言った目つきで保育者を見つめ、スベリ台の下から出てこようとしません。スベリ台の下に入って、「いいよ、脱がなくってもいいんだよ」と声をかけると、「獅子?」と保育者に問いなおします。「そうだよ、ひかるちゃん。獅子大好きだもんね」と言うと、「獅子作ろっ」と保育者といっしょに園庭に出てきました。園庭を走り回っていたひろのりくんもいつの間にかみんなの中にいます。

やっと準備した紙の周りに子どもが集まって来ました。そこでもう一度、「獅子の紙を作ろうね」と声をかけたのですが、子どもたちはキョトンとして筆やタンポを持とうとしません。在園児でさえ、こんなにダイナミックな絵の具遊びは初めてなので、ざら紙や和紙から獅子を想像することができなかったのでしょう。そこで保育者が獅子舞の定番曲（水口囃子の一節）を口ずさみながら、バットの中の絵の具を筆にたっぷりとつけ、紙に色をつけていきました。すると、子どもたちも筆やタンポを持って保育者の真似を始めます。

♪タンタタンタ……♪　と保育者と同じように口ずさみながら筆を振るたかあきくん。足の動きまで獅子になっていて、その姿がたまらなくかわいいのです。筆を振り回して絵の具を撒き散らしているともあきくんは、保育者が「キャーキャー」と飛んできた絵の具から逃げると、嬉しそうにもっと筆を振り回します。飛んできた絵の具に迷惑そうに文句を言いながら、一心に紙に色をつけているじゅゆうくん。普段の生活からは想像できないくらいまじめに見えます。「すごいよ、じゅゆうくん。こんなにいっぱい色をつけてる」とみんなに声をかけると、じゅゆうくん、えらそうな表情に変わっていきました。そんなようすにはおかまいなしに、絵の具のバットを我が物にし、筆でバットの中の絵の具をずっとかき混ぜているのはたかやくん。「絵の具つけてもいい?」と声をかけると、バットを持ってクルッと背を向け、バットを独り占めです。そこで、「貸して」とも言わず、たかやくんのバットに筆を入れると、またバットを持ってクルッと背を向けます。まるで「俺の絵の具に手を出すな！」といった感じです。

いくみちゃんは、スポンジタンポのスポンジをフィルムケースから抜き出し、絵の具をつけては、ひたすらジューッと紙の上に絞っていて、何かの研究に没頭しているという感じです。そんなみんなの遊びを見ているだけで、どうしていいかわからないようすなのははるかちゃん。筆を渡して誘ってみると、嫌そうでもなく絵の具の塗りたくりを始めました。楽しそうではないけれど、やめるようすもありません。

遠巻きに芝生の方から見ているのはりゅうたろうくん、さくらちゃん、あやかちゃん、りくやくん。誘ってみると、一歩、二歩と後ずさりし、首を横に振っています。でも、みんなのことは気になっているようで、体と目はしっかりみんなの方を向いています。るいくんとらいとくんはみんなのしていることなんておかまいなし、外に出たとき、一番最初に興味の向いたシャベルで、泥山の下にできた水溜りで遊んでいます。おんぶのまなみちゃんにも筆を渡してみました。すると、おんぶのままでテーブルの上の紙に色をつけ始めました。絵の具がつけたくなると「アーウーウン」と「絵の具のバットの方に行って」と訴えてきます。何度も繰り返し筆に絵の具をつけて紙にトントンしているので、おんぶから降ろそうと帯を緩めると、筆を投げ捨て、保育者の背中にしがみつき「降ろさないで！」と訴えてきます。

紙に穴が開き、ダンボールも絵の具でグショグショになるころ、絵の具遊びを終わりにし、泥山へ遊びが移っていきました。ずっと泥山の下の水溜りで遊んでいた二人に加わります。シャベルで泥をこれたり、カップで型抜きをしたり、保育者の真似をして、だんごを作ろうとしたり、それぞれに遊びが始まっていきました。

そこへ、たかあきくんが棒切れを手に、「遊ぼう……」と保育者を誘いに来ました。「いいよ」と棒に向かって泥だんごを投げると、棒をバットにみたてて振ってきました。みごとに命中！「たかあきくんすごい、もう一回」と数回繰り返すと、次はたかあきくんがだんごを投げる側に。ところが、投げただんごが、なんと絵の具遊びで使って片付けるために干してあったダンボールにバシッと当たりました。この音に数人が反応し、今度はダンボールに向かってだんご投げが始まりました。絵の具の時に遠くから見ていたりゅうたろうくんもだんご投げに加わっています。「すごい、りゅうたろうくん、もっと投げて」の声に誘われてか、次々に投げる子が増えてきました。

そのうち、ただだんごをぶつけるだけではおもしろくないということになり、ダンボールにマジックで鬼を描いて、「よ〜し、鬼をやっつけよう」と鬼退治の始まりです。だんご作りが間に合わないほど盛り上がりました。ダンボールが破れ落ち、みんなで「ヤッター、鬼退治したね」と絵の具から始まった泥遊びを終わりにし、「シャワーで体を洗ってお部屋に入ろうね。ごはんの時間だよ」と順番に部屋に入り始めました。背中におぶさっていたはずのまなみちゃんは、いつのまにか大好きな下駄箱の前で、自分のくつに足を入れたり出したりして遊んでいました。

●短冊つくろう

ひよこ組の部屋三分の一のスペースにロール紙を敷き詰め、その上に筆、はけ、スポンジタンポを無造作に置いて「七夕の短冊を作ろう」と絵の具遊びに誘いました。七夕の短冊ということで、水色、ピンクなど、きれいな色を準備しました。

思い思いの道具を持ち、絵の具遊びの始まりです。遊びが始まれば、子どもにとって部屋の外も内も関係ありません。いきなり、絵の具のたっぷりついた筆を振り回します。飛び散った絵の具が、点々と紙や足につきます。ともあきくんの足についた絵の具を保育者が手でこすってみました。それを見ていたじゅゆうくんは、両手で顔に絵の具をつけています。最初は遠くから見ていたりゅうたろうくんは、何と絵の具のバットの中に入ってしまいました。足の裏で何かを感じているようすです。保育者もバットに片足を入れて、「ほら、足でトントン」と紙の上を歩くと、りゅうたろうくんもバットから出て来て、紙の上に足でトントン始めました。「りゅうたろうくんの足かわいいね。もっともっとトントンして」と言うと、うれしそうに何度もバットに入っては、紙にトントン繰り返します。あゆむくんは敷き詰めたロール紙の上に座り込み、スポンジを絞って出てきた絵の具の水溜りの上で、泳ぐように両手を伸ばしています。前回の絵の具遊びで参加できなかった子も筆を持って少しだけ参加しました。

あまりにダイナミックな絵の具遊びのおかげで、短冊に使える物ではなくなってしまいました。そこで、南の大窓に竹を描き、七夕飾りを作ってしまうことになりました。「みんな、ちょっと待って……」と声をかけると、驚くほどいっせいに保育者の方を向く子どもたち。「今ね、この大窓にね、七夕飾りをつける竹を描くから待っててね」と言って、ペンキのはけでスーッと保育者が竹を描きます。六枚の窓全部に描き終えて「いいよ」と声をかけると、ガラスに描く気持ちよさを知っている子どもたちは、我れ先にとガラスに絵の具をつけ始めました。スポンジをギューッと押し付けて、流れる絵の具の行方を見ている子。保育者が竹を描いたように、スーッと筆で色をつける子。両手でヌルヌルつける子。保育者に抱かれ、足の裏で色をつける子。すべり台や三輪車で遊んでいた子も、保育者に誘われ、筆を使ってガラスに色をつけ始めました。

「おんぶじゃなきゃイヤー」だったまなみちゃんも、今日は保育者の足元にいて、さりげなく筆を使って遊んでいます。「すごい七夕飾りできたね。このまま七夕まで飾って、パパやママにも見せてあげようね」と声をかけてもだれも終わりにしません。ガラスに描くときはいつもなかなか終わりにできないのです。それほど気持ちよいのでしょう。そこで「ねえみんな、お願いだから、終わりにして、お片付けを手伝ってくれる?」と、保育者が雑巾で床を拭き始めます。すると雑巾がけを手伝ってくれる子、水道で雑巾を洗ってくれる子（水遊び?）がいるかと思うと、片付けなんて知らんといった感じで、すべり台や三輪車で遊び始める子もいて、「やめてー、絵の具だらけで遊ばないでー、シャワーしてお着替えしてからだよ」と叫ぶ保育者でした。

シャワーと聞いただけで地団太踏んで泣き出すあやかちゃんは、シャワーが済んでしまえば泣き止むので、いつも一番でのシャワーです。シャワー室から逃げ出そうとするあやかちゃんの絵の具を何とか洗い落とし、次の子へ。服を脱がせ、シャワー室に送り込み、シャワーの済んだ子をタオルで拭いて排泄を促します。排泄では、「パパみたいに」トイレで立っておしっこをする子がいます。いくみちゃんは、それをまねして、立っておしっこをしようとするので「女の子は座ってママみたいによ」と便座に座らせます。トイレの前に置いてあるチャンバーポットに座りこねて尻餅をつく子もいます。

チャンバーポットの奪い合いも始まります。「ワー、おしっこがこぼれちゃうよ、順番こよ」と大騒ぎしながら、やっと排泄が終わります。

排泄の後は、服を着ます。保育者が出してきた服をさっと着せてもらって、次の遊びに入っていく子がほとんどですが、パンツ選びに時間をかける子もいます。最後は大きいパンツを選んで一件落着。ひかるちゃんは、「くまさんの……」とくまの絵のズボンを捜し続けますが、保育者が捜しても見つかりません。「今日はくまさんのおズボンないね。ママがお洗濯しているのかな」と言っても、「くまさんの！」と自分の籠の中の服を捜しています。「じゃあさ、この黄色のズボンにくまさん描こうか」と聞くと、「くまさん」というので、マジック描くと納得し、やっとズボンをはいてくれました。着替えで一番手ごわいのはたかやくん。籠に入っている服一つひとつ「これがいい？」と聞いても、全部「ヤダッ」。大好きな新幹線のズボンが入っていないからです。ひかるちゃんと同じように、「このおズボンに新幹線描こうか」と聞いても、「ヤダッ」。何もかもイヤになってしまったようです。そこで「どれがいいか選んでね」と服の籠を渡し、他の子を集めて絵本を読み始めました。「ざっくり、ぶうぶう、がたがた、ごろろ」と読み始めると、絵本見たさに服を着せてもらい、本読みの所にやって来ました。遊びが始まる前も一騒動ありますが、片付けと着替えはさらに大騒動で、毎日こんなことが繰り返されています。

●給食大好き

思う存分遊んで、シャワーを浴びさっぱりした後は、大好きな給食の時間です。給食というと、栄養価とか必要カロリーとか、バランスとか、好き嫌いなく食べるといったことをまず思い浮かべてしまうのではないでしょうか。しかし保育園の給食は、楽しい活動の中で空腹を感じ「ごはんが食べたい」「自分で食べたい」という意欲を大切に育て、食べることが大好きな子どもを目指したいと考えています。なぜなら、食べる事は生きる力の源だからです。「おいしい」（味覚）「いいにおい」（嗅覚）「おいしそう」「きれい」（視覚）「やわらかい」「カリッとしている」（触覚）などを共感し合い、いっしょに食べて楽しかった、満腹になったと幸福感が漂うような時間にしたいと思っています。そしていっしょに食べていくなかで、茶碗の持ち方、スプーンやはしの使い方など食事のマナーが伝わっていき、季節や行事食、日本食の良いところなどを伝えていけるといいなと考えています。無理強いして、嫌いな物を食べさせるのではなく、満足の体験を重ねることで、少しイヤでも挑戦してみようという思いになってくれることを信じて。

毎日の給食の時間、保育者がテーブルを準備し始めると「さあ、食べるぞ」と寄ってくるらいとくん、るいくん、まなみちゃん。「まだだよ、椅子運ぶの手伝ってくれる」と声をかけると、お手伝いに飛んできてくれるのはじゅゆうくん、れいなちゃん、ひかるちゃん。テーブルの所の三人は「ごはんはまだ?」といった表情で、テーブルから離れようとしません。

テーブルと椅子の準備ができると、いよいよ配膳の始まりです。「本を見るよ」と声をかけると、本を持った保育者の前に子どもたちが集まっていきます。椅子運びを手伝ってくれていた子たちも本の所へ。相変わらずテーブルの所の三人は動き出しません。「手を洗って先に食べよう」と水道に誘っても動かないので、一人ひとり連れて行って手を洗ってから、椅子に座らせて、ほかの子たちよりも先に食べ始めます。

まなみちゃんとらいとくんはごはんから、るいくんはメインディッシュから食べ始めます。配膳が終わる頃には三人ともおかわりへ。配膳が終わり、本を見ている子たちに「もういいよ」と声をかけます。一目散にテーブルに駆け寄り、椅子に座って食べ始める子、どれにしようか選んでいてなかなか座る席を決められない子。保育者に導かれながらみんな席についたと思ったら、一つ席が空いています。「あと一人だれかな~」と声をかけながら見渡すと、れいなちゃんがすべり台の下に入り、保育者になりきって絵本の読み聞かせをしていました。

「いたいた、れいなちゃん見つけた」と声をかけても無反応です。「れいなちゃんごはん食べよう」と声をかけると、「私はいま本を読んでいるのよ、静かにしてッ」といった目で保育者を見つめます。「ごめんね、ここで本を読んでいたんだ。ごはんの用意できたよ。食べる?」と言うと「ウン」と本を抱えてすべり台の下から出てきました。本を片付け、手を洗ってテーブルへつきます。保育者も席につき「いただきます」。すると、先に食べ始めていた子が「どうぞ」と応えてくれます。「ありがとう」と返事をすると、とても照れくさそうです。

お茶碗の中身をつまんで保育者の目の前に出し「これ何?」と言いたげな子がいます。「ん? これはにんじん、これはもやし、これはこんにゃく」と答えていきます。一人が聞き始めると次から次へと「これ何?」攻撃。答えるまで聞いてくるので、保育者が食べている間がないくらいです。

手づかみで食べる子、上手に茶碗を持ってスプーンで食べる子、片手にメインディッシュ、反対の手にスプーンでガンガン食べる子、嫌いな物を上手によけて好きな物だけを平らげる子とさまざまです。生野菜は苦手な子が多く、「これレタスだよ。おいしいよ」と食べて見せますが、プイッと横を向き食べようとしない子。一度は口に入れますが、べーッと口から出してしまう子。保育者の皿から、はしで口に入れてもらうと食べてしまう子と、これもさまざまです。

キューリもおやつの時のスティック状のものは食べるのに、サラダの薄切りは食べない子もいます。まだ歯も生え揃っていないので無理もありません。

デザートのスイカが目に入ってしまうと、スイカを指差して「カー、カー」と要求します。「スイカが食べたいの？」気持ちが伝わった嬉しさに、大きく「ウン」とうなずきます。「でもさ、デザートだから、ごはん食べてからにする？」と言っても、そんな道理が通らないのが一歳ひよこ。「カー、カー」とスイカを指差して訴え続けます。「じゃっさ、先にスイカ食べてもいいよ。スイカ食べたら、ごはん食べてね」と渡します。

スイカを食べ終わり満足するとまたごはんを食べ始めました。ごはんおかわりの要求も多く、三杯飯、三杯汁はあたりまえです。「おかーり」「もっと」と茶碗を差し出す子や無言で差し出す子。自分の分が食べ終わると、隣の子の茶碗から食べてしまう子もいます。

満足した子は「ごちそうさましてきて」と声をかけると、椅子から降り、食器とスプーンを籠に片付けに行きます。食べ終わった順に片付けをし、着替えをして、お昼寝の準備をします。

よく遊び、よく食べた子たちは、よく寝てくれます。ちょっとだけほっとできる時間ですが、子どもたちが眠っている間は、今日の活動を振り返り、一人ひとりの子どもについて情報交換する貴重な時間でもあります（保育者も居眠りをしてしまうこともありますが……）。

●散歩で出会う人々

ちょっと動くと汗ばむような暖かい二月のある日、「牛を見に行こう」と散歩に出かけました。出発してすぐ、保育園の裏で工事をしていたおじさんたちに「行って来ま～す」と声をかけました。保育園の外に出た時、通りすがりの人や畑仕事、道路工事、植木の手入れをしている人などに、「おはようございます」「行って来ます」と挨拶を交わしているうち、自然と子どもも挨拶をするようになっていきます。「元気だね、今日はあったかくていいね。気をつけてね」と声をかけてもらい「バイバイ」と手を振って走り出しました。自転車やバイクや車が遠くに見えると、通りすぎるまでずっと、「かべかべ」と道の端に寄り、動かないで待っています。でも、今日のバイクは「ブ～ッ」と来るわけでなく、動いては止まり動いては止まりの繰り返しです。電気の検針のおばさんだったのです。道の端に寄ったまま止まっている子どもたちに気づいてくれて、バイクに乗らず押して次の家へ行ってくれました。仕事の能率を落としてしまってごめんなさいという気持ちを込めて「ありがとうございます」と声をかけ、進んで行きました。おばさんはニコッと笑って見送ってくれました。

今度は、大通りに出る前の飼い犬に声をかけました。すると、今日は機嫌が悪いのか「ワンワン」と吠え立ててきます。あまりの鳴き声に家の中から飼い主が顔を出し「こら、静かにしないか！」と犬を怒ってくれました。「すみません、いつもより近づきすぎてしまったらしくて……。いつも快く子どもたちを迎えてくれるばかりではありません。

県道を渡る信号は、かなりの交通量で、しかも大型のダンプやトレーラーもたくさん通ります。十分気をつけながら渡り、ようやく牛屋さんに到着です。道から敷地に入って行きながら、「おはようございます。牛を見せて下さい」と声をかけます。行くと必ず作業の手を休めておばちゃんが出てきて、「どうぞ、どうぞ、みんなは一歳だよね、そうかい良く来たね」と迎えてくれます。今年の一歳児クラスも歩いてここまで来られるほどに成長したんだという思いのこもったことばのように感じます。「赤ちゃん牛がね、あっちの奥の方にいるよ」と子どもに声をかけてくれます。たまたま来ていたＪＡの人に、「保育園の一歳児組の子どもたちでね、ほとんどの子が二歳になってるんだよ」と紹介してくれました。するとＪＡのおじさんは「そうかい、えらいねぇ、元気のいい子！」と声をかけてくれました。おじさんのあまりの元気の良さに、子どもたちは、この知らないおじちゃん大丈夫（？）といった反応です。保育者が「みんなは元気かいっておじちゃんが聞いてるよ」と問うと、「うん元気」と返ってきました。すると元気なおじさんがもう一度「元気かい？」。子どもたちは、今度は元気に「ハ～イ」と手をあげました。しばらく元気なＪＡおじさんとのやりとりが続き、牛屋さんの猫とも遊んだ後、おばちゃんが「この牛は十日もお産が遅れてるんだよ」と教えてくれました。

「たいへんですね」「ちょっと心配なんだよ」

そんな緊張感漂う中、そんなことを微塵も感じさせず、受け入れてもらい、感謝の思いでいっぱいでした。子どもたちに「この牛はね、もうすぐ赤ちゃんが生まれるんだって、頑張ってね、ありがとうって帰ろうね」と声をかけ、「ありがとうございました」とお礼を言うと「また、来てね」と手を振って見送ってくれました。

散歩に出るといろいろな出会いがあります。座り込んで「もう歩きたくない」とだだをこねていた子も、通りすがったおばあちゃんから「えらいね」なんて声をかけられると、ほんとうに偉そうに歩き出します。私たち保育者も「大変ですね」なんて声をかけられると、大変さをわかってもらえて良かった、もっともっと楽しい散歩にしよう、と思います。そして、子育てにはいろいろな人の声が必要なんだということを実感するのです。

●あおむし探しに、いざ出発

運動会を迎えるころには、蓄えていた力を十分発揮できる散歩ができるようになってきました。全員の登園を待って、「今日はおにぎり池にあおむしを探しにお散歩に行こう」と声をかけました。この時期になると、散歩に出るときはおしっこをしてから……と見通しを持って行動できる子もいます。出発までにはいろいろありますが、「集まれだよ～」「赤い門だよ～」と子ども同士声をかけたり、くつを持っていってあげたりする姿も見られるようになります。赤い門の前に全員そろうと、もう一度子どもたちに向かって「あおむしを探しに行こうね。エイエイオー」と先頭の保育者が門を出ます。口々に「エイエイオー」と言いながら門を出て行きます。

これまでの『はらぺこあおむし』（絵本）の読み聞かせや、納涼祭で保護者が演じてくれた『はらぺこあおむし』を通して、子どもたち一人ひとりが「あおむし」のイメージを持っているように感じます。

園の東門を出て、お散歩に出発！　ところが子どもたちは門を出てすぐのところにある桑の木や里芋の葉っぱを覗き込み、さっそくあおむし探しを始めてしまいました。この調子ではとても目的地のおにぎり池にはたどり着けません。そこで、子どもたちに「ねえねえ、あおむしたち！　おなかすいてない？」と問いかけてみました。「何？　いま、何て言った？」と子どもたちが木の葉の下から顔を出したところで、もう一度同じ事を問いかけてみます。すると、一人の保育者を中心に「すいた、すいた、もうおなかはぺっこぺっこ」と返事が返ってきました。「じゃあさ、何かおいしい物を見つけて食べよう」と走り出すと、子どもたちもついて来ました。「あったよ！　おいしそうなみかん」道の角の木の所で、子どもたちに声をかけました。「ほら」とみかんを取る真似をし、子どもに「皮をむいて食べてね」と手渡しました。すると皮をむく真似をし、口に入れ、食べたつもりになっています。私にも、僕にも取ってと、次々に道の角の木にたどり着いてきました。みんなが、みかんを食べ終わった頃を見計り、「ねえ、おなかいっぱいになった？」と聞くと「まだよ、まだまだ」と子どもから返事が返ってきます。「次に何が食べたい？」とこんなことを繰り返しながら進んでいきました。

もう少しで大通り。通りを渡って少し行ったら目的のおにぎり池に着きます。「おなかいっぱいになったら、なんだか眠くなってきたね」と誘うと、みんな上手に道に丸くなって眠る真似をしました。しばらくして、「なんか、お日様があたって暖かくなってきたね。暖かくなったら何になるんだっけ」と聞くと、子どもたちは口々に「ちょうちょ、ちょうちょ」を連発しました。「そう、ちょうちょになって道を渡るよ」と走って道を渡り無事目的地に到着しました。

目的地であおむしを探すことを忘れていなかった子どもたちは、保育者の真似をし、葉っぱの裏を見たりして探し始めましたがなかなか見つかりません。そのうち、あおむしのことをすっかり忘れ、おにぎり池の中の川を渡ったり、バッタやかなへびを捕まえたり。水がボコボコ湧き出ている所に葉っぱを投げ入れようとし、逆に自分がザブンと落ちてしまったりして、ずぶ濡れっ子が続出。そうこうしているうちに「あおむし見つけた！」と保育者の声があがりました。大きくて太っちょだったので、枝ごと切り取って保育園に持ち帰りその後を観察することにしました。

帰り道ではさなぎも発見しました。あおむしを見るより不思議そうに見ては、掌の上でころがしてみたり、なでたり、つまんでみたりしています。子どもたちの手を渡り歩くうち、だれかがつまんだ瞬間「パキッ」という音がして体液がだら～。さなぎの命が絶えてしまいました。まだ一歳では無理なんですね。てんとう虫やだんご虫などをたくさん犠牲にしながら、やさしく、そっと持てるようになるのは、あと二年くらい先のことです。

持ち帰ったあおむしは、時々葉っぱを入れ替えながら育て、さなぎになったけれど、その後は……。あおむしさんごめんなさい。子どもたちを育てるほうが大事で、すっかりあおむしのことは忘れてしまいました。

このような活動を通し、子どもたちはお友達や保育者の名前を理解していきます。そして「○○ちゃんの持っている物が欲しい」「○○ちゃんみたいに」という気持が芽生え、何でも「自分で、自分で」、保育者にしてもらうのは「イヤだ」という姿が生活のいろいろな場面で見られるようになります。しかし、だからといって、何もかも一人では満足にできないのが一歳児です。「自分で」という気持を受け止めながら、見守っていくうち、子どものほうから、自分の今の思いや願いを、保育者に向け表現していくようになります。同時に「イヤだったけど～するんだ」と気持ちを建て直したり、「～してから～する」など見通しが持てるようになっていき、二歳児クラスへと進級していきます。

0・1歳

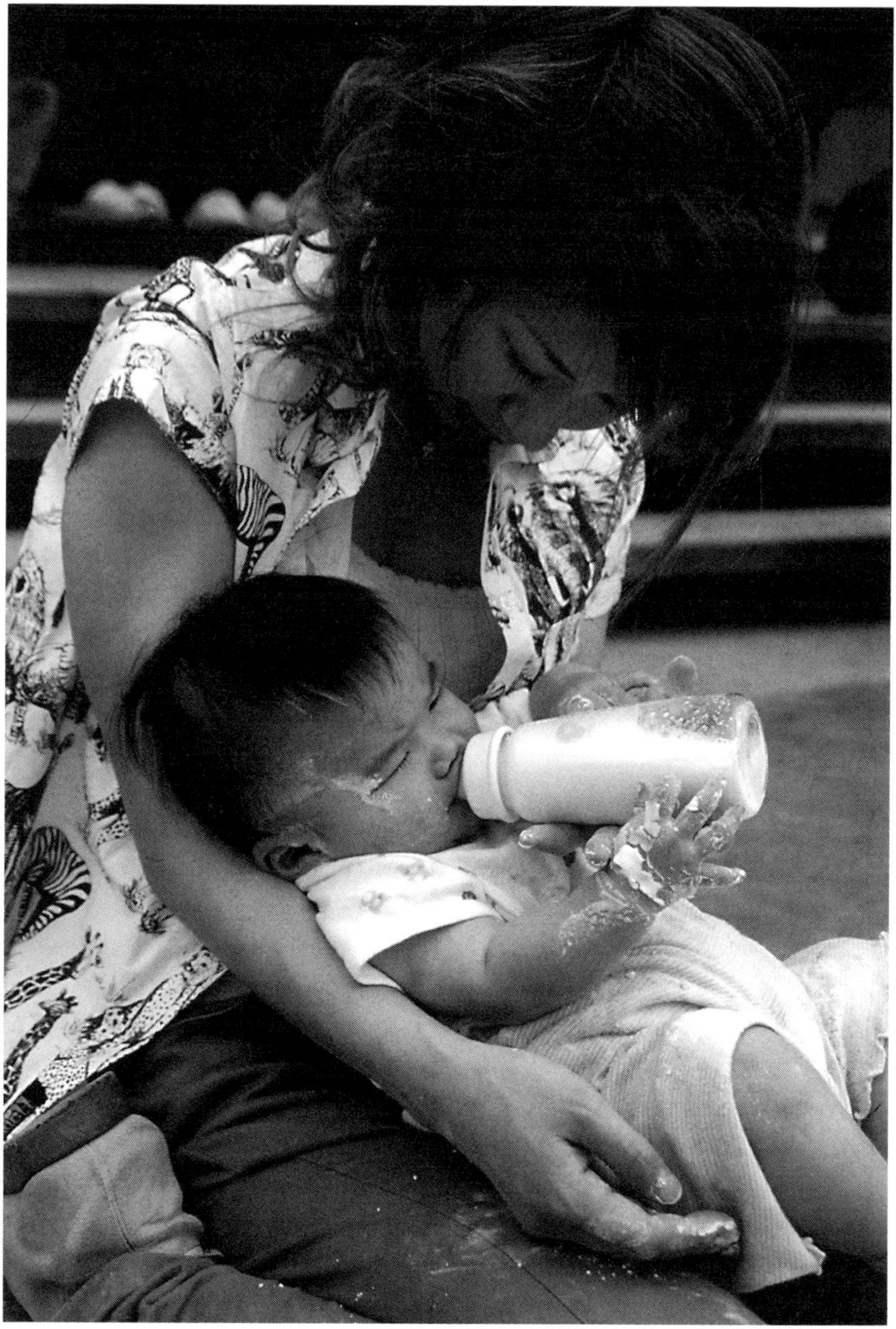

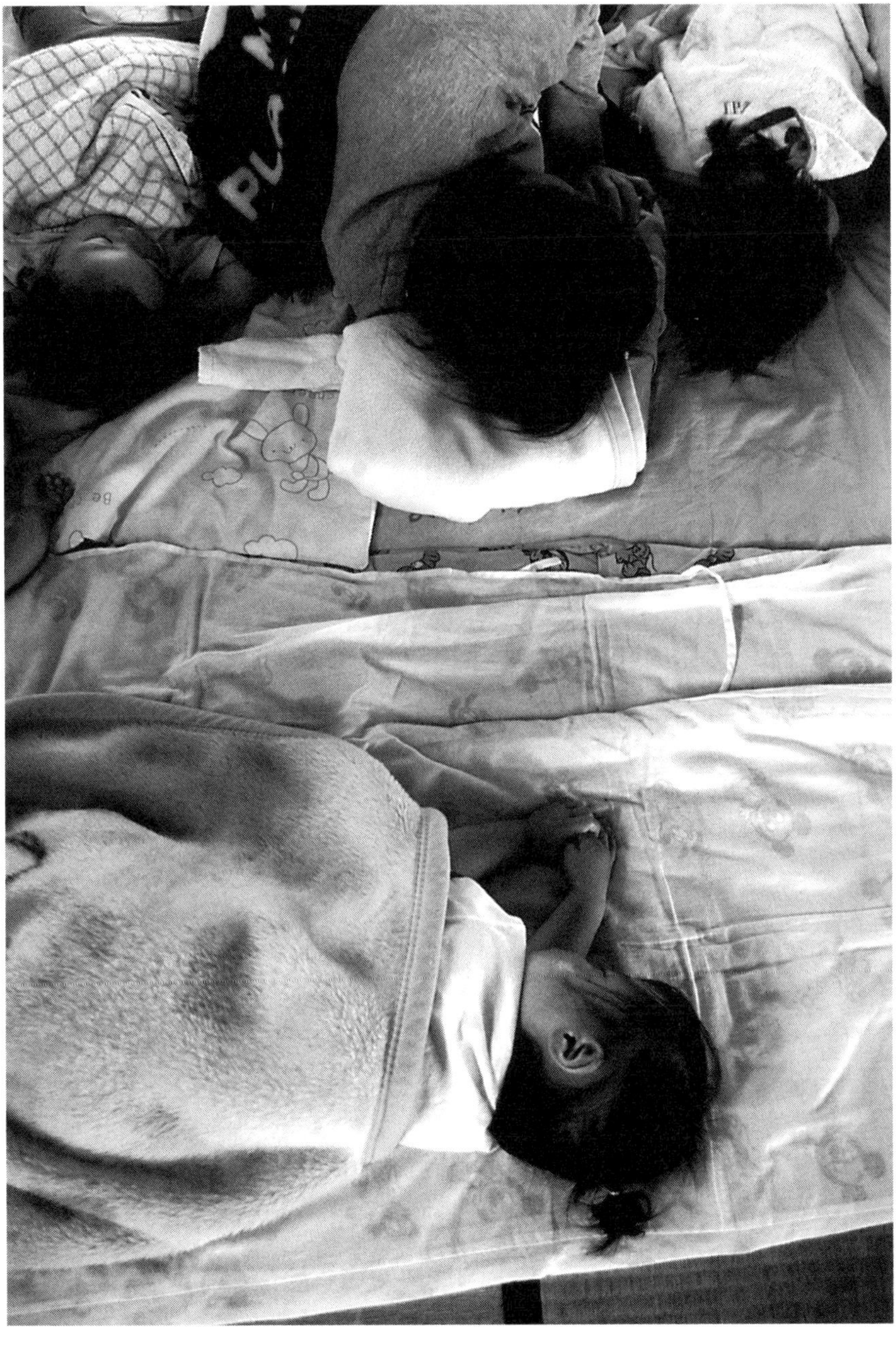

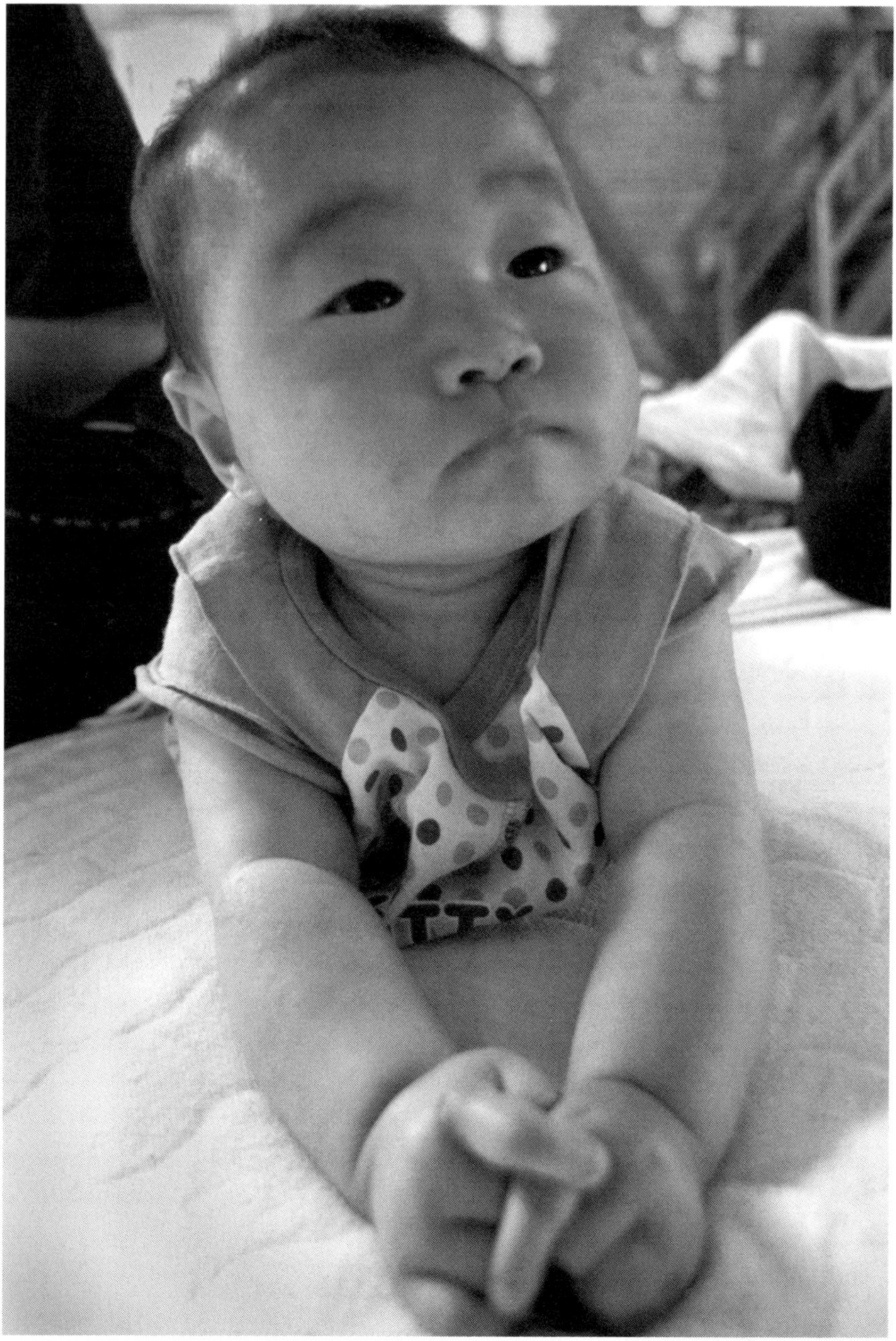

3 ひばり組（二歳児クラス）

●広がる自分たちの世界——二歳児の姿

やんちゃ盛りの二歳児の子どもたちとの保育で大切にしてきたことは、①子どもの気持ちをしっかり受けとめ、信頼関係を築く、②みたて、つもりの世界を大切にしていく（子どもの想いに共感し、言葉にして、イメージの共有を大切にする）、③五感を通していろいろな経験をさせる、ということです。一歳児からの在園児二十三人、新入、途中入園児七人、計三十人の二歳ひばり組、年度始めのしばらくは環境の変化に戸惑っていた子どもたちですが、少しずつ新しい生活のリズムをつかみ、泣き声も少なくなってきました。

在園の子どもたちは、いままで散歩、戸外遊び以外は乳児室の中でほとんどの生活ができていました。それがひばり組になると、部屋や周りの環境が変わって行動範囲が広がり、解放的になるのか、ついつい自由を満喫してしまうようです。遊戯室へ行っては走り回り、台を並べて橋を造って登ったり、和太鼓をたたいてみたり、事務室へ行っては回転椅子に座ったり、お菓子やパソコンをいじったり、そしてさらに園長室に集団で押しかけ中から鍵をかけてしまったり……。毎日それはそれはきりがないほど、後から後からいたずら（探索活動）を働いてくれます。その度に子どもたちを追って、保育園中に響く保育者の声。子どもたちもほんとうに嬉しそうな顔をして新しい発見を楽しんでいるようです。

このいたずらを通して子どもたちは世界を広げているのでしょう。それを大切にして、その中でしていい事といけない事を伝えてきました。しかしこれからどんないたずらをしてくれるのか……。そう考えるとちょっぴりドキドキ、ワクワクします。危険のないよう見守りながら、好奇心いっぱいのこの子どもたちとどんなふうに遊ぼうかと考えてきました。

新入園児の中には、入園までの家庭生活でテレビをよく見ていたのか、キャラクターのイメージが強く、ポーズを決めたり、わざと転んだり、蹴ったりする、それだけが遊びになってしまう子がいます。創造しイメージすることが少なく、なかなか遊びが広がりません。そこで懇談会などを通じて、テレビのことや、生活習慣の見直し、みたてつもり遊びの大切さなどを話し合い伝えてきました。

●いつでもどこでもみたてつもり遊び

みたてつもり遊びは、いろいろな所で、いろいろな物を使って始まりますが、これは東の園庭にある泥山での家族ごっこのひとこまです。

子どもたちは、スコップ、バケツはもちろん、保護者の方々に寄付してもらった家庭で使わなくなった鍋、フライパン、おかま、鉄板、おたま、フライがえし、お盆、さらにペットボトルやミルクの缶などの本物の道具を使って遊んでいます。「大人のように～をしてみたい」というあこがれの気持ちからイメージを再現し、いろいろな物を工夫して作り出しています。

泥んこの入ったお鍋をかき混ぜている子どもに、「おなかすいた。お母さん、今日のごはんはなに？」と問いかけると、急に顔つきが変わり、話し方もお母さんそっくりになります。「カレーだよ！」と、答えが返ってきて、「わ〜おいしそう。食べたいな〜」こんな感じで遊びが始まります。

他の遊びをしていても、興味を持った子どもは入ってきます。「待っててね。あ、お野菜がない」「じゃ、買って来るね」と、子役、母役両方に保育者が入り、子どものようすを見ながら、イメージを広げられるように言葉をかけていきます。子役は入れ物を持ち、園庭のあちこちに行って、草や花を見つけます。「これはおいしそう」と、途中園で飼っているうさぎにあげたりなんてこともありますが……。

子役「ただいま。お野菜買って来たよ。ほら、こんなにいっぱい」

母役「おいしそうね。ありがとう」

草花がどんな野菜、料理に変身するのでしょうか。「〇〇ちゃんにもちょうだい」「〇〇ちゃんとこにも入れて」などとやり取りをしながら、餃子、ハンバーグ、チャーハン、ジュース、クッキーなどいろいろなものが出来上がります。それをテーブルに並べて、さあ、いよいよ食事が始まりました。「あっつ〜い」「しょっぱい」とオーバーに言ったりすると、それを面白がったり、「はい、お水」「はい、お砂糖入れたよ」と次々に展開していきます。

母役の「あ、お魚がないわ」の言葉に、子役が「じゃ、お魚を釣ってくるね」と言って、海へ行き、マグロやイカ、タコを釣ってくる、なんてこともあります。網や釣り竿を持って、舟を漕いでいざ出発。大きな波がきて、おっとっと舟がひっくり返り、みんなです〜いすいと泳いで帰ってきました。

「〇〇ちゃん、お魚つかまえた」

「○○ちゃんのは大きいよ」

「○○はタコをつかまえたよ。あ～助けて～。墨だ」

保育者も思わず笑ってしまいました。

「これを持って帰ってお料理してもらおうね」

「ただいま。はいお魚」

「お帰り。今日はおすしだよ」

と、泥や木の葉で作ったおすしができあがりました。

「このおすしおいしいね」

「こっちのはからいよ」

「このお魚、○○ちゃんがつかまえたんだよ」

「お茶ちょうだい」

「今度みんなで魚釣りに行こうね」

などとおしゃべりしながら、泥山での家族ごっこを楽しんできました。

保育者も子どもの心になって遊べないと、なかなか「みたてつもり遊び」の仲間にはなれません。

ぜひ、子どもになりきって遊んでみてください。

●忍者ごっこは楽しいぞ

忍者ごっこも一年を通じて遊んできたものです。

天気のよいある日、「今日は忍者になってお散歩に行こう」と忍者の紙芝居を見てから出発しました。いつも行く生品神社ですが、子どもたちの気分は少し違います。家の影を「抜き足、差し足、忍び足……」と先頭の保育者の真似をして進み、「シー」と後ろの仲間に伝えていました。さて、神社に着くと修行の始まりです。

まず保育者が、「忍者はこんな所だって渡れちゃう」と、境内の石の並べてある上をバランスを取って歩き始めると、その後に何人も同じようにしてついて来ます。そして石の上から天狗ジャンプ。「○○忍者の天狗ジャンプ、かっこいい」「○○忍者も足が上がっていてかっこいい」。そんな散歩を続けていると、ある日、神社の裏から、保育者扮する別の忍者が現れました。

ひばり忍者「お前はだれだ」

別の忍者「おれはお前たちの仲間だ」

ひばり忍者「お前なんか知らないぞ」

別の忍者「おれはお前たちの仲間だ」

ひばり忍者「どうしようか」

みんなで相談します。そこで紙芝居の中に出てきた合い言葉を思い出し、「山」「川」、「ごはん」「みそ汁」と言い合います。合い言葉が合って、「やっぱり仲間だったんだ」ということがわかり、いっしょに忍者のままでかくれんぼを楽しみました。

ひばり忍者（保育者）が、「忍者はこんな所にも入れるぞ」と境内の社の下に潜り込むと、「○○ちゃんも」と子どもも忍者も次々に入ってきて、大人には入れないほど奥に潜り込み、見つかるのをドキドキしながら待っています。見つけてほしくって、「ここだよ」と顔を出してはひっこめている子もいます。とうとうみんなが見つかり、その日は、「バイバイ、また遊ぼうね」と帰って来ました。

またある時は、お寺でいつものように忍者の修行をして遊んでいると、どこからか敵（悪者）忍者が現れました。もちろん忍者の衣装などありません。これも保育者が、その時着ていた服のフードや首に巻いていたタオルをかぶって敵忍者に早変わりしたのです。「おまえはだれだ」と合言葉の確認をしたのですが、合いません。

「合言葉が違う。お前は仲間じゃないぞ」

「ばれたか。よ〜し、今日はお前たちの大切なこのカバン（着替えが入っているリュック）をもらって行く」

「どうしようか？」

またみんなで相談します。

「そうだ、この葉っぱ手裏剣でやっつけよう」

それぞれが、葉っぱをたくさん集め（形や大きさ、色にこだわることもありました）、敵を追いかけます。

「まてー。こっちにはこれがある、葉っぱ手裏剣だー」

「まいった。おれはそれが大嫌いなんだ。これは返すから助けてくれ」

またあるときは、仲間の一人が連れて行かれてしまいました。

「〇〇ちゃんが連れて行かれちゃった。どうしようか？」「助けなきゃ」とハラハラドキドキしながらみんなで相談。一人ひとりの意見を受け入れ、いろいろ試してみます。

「まて〜。〇〇ちゃんを返せ〜。エイ〜」（葉っぱ手裏剣をとばす）

「アッ、ハッハッハ。おれも修行をしたから、そんなもの平気になったんだ」

すると、一人の子がポケットからどんぐりを出して投げつけました。

「あ〜助けてくれ〜。それはやめてくれ」

「〇〇ちゃんを返せ」

「まいった。返すから助けてくれ」

敵の忍者をやっつけ、仲間を助け、みんなが満足な顔をしていました。

こんなふうに、散歩をしているとどこからともなく突然敵の忍者が現れ、悪い事をしていきます。するとひばり忍者は、あの手この手を考えて戦い、危ない目に合いながらも毎回やっつけて帰ってきます。そんな散歩を続けてきました。

そして迎えた運動会でも、忍者たちが大活躍。『日常保育の中で育てた力をそのまま出し切る姿を見てもらいたい』という思いから、巧技台を使って坂登り、一本橋、梯子（はしご）、跳び下りなどの障害物を作りました。そこにまたまた敵の忍者の登場です。「宝はもらったぞ。お前たちにはこんなことはできないだろう?」と、障害物を乗り越え挑発しながら逃げていきました。これは大変。子ども忍者たちは日頃の忍者修行を生かして、目と手と足とすべての感覚を協応させながら、一つひとつ障害物を乗り越え、ついに宝物を取り返してきました。

●ストーリーを楽しむごっこ遊びへ

それからもごっこ遊びは続きます。言葉も充分豊かになり、修行や戦いだけではなく言葉のやり取りが楽しめるようになってきたので、絵本や紙芝居のストーリーを元にしたごっこ遊びを取り入れていきました。『おおかみと七ひきの子やぎ』『三びきのこぶた』『牛かたとやまんば』『さるじぞう』などです。同じ話でもその日、その時によって、ストーリーが変わります。子どもたちから出た言葉を大切にしながら遊びを展開してきました。子どもたちは中でも『牛かたと山んば』が大好き。遊び込んでいくうちにだんだん牛かたではなく『忍者とやまんば』になってしまいましたが、忍者と山んばの知恵くらべで遊んできました。

はじめは、最後には負けてしまう山んばのなり手は保育者しかなく、子どもたちはみんな忍者役でしたが、だんだんに保育者といっしょなら悪役になってみたいという子が増えてきて、悪役も楽しむようになってきました。この遊びを元に十二月クリスマスの生活文化発表会の時、エアリス（町立の大ホール）の舞台の上で劇遊びを演じ、両親、祖父母など大勢の方々に見て喜んでもらいました。はじめは子どもたちも保育者も緊張気味で、表情が固かったのですが、じきにいつもの調子になりふだんのようすに近いものを見ていただくことができました。

ごっこ遊びを好まず、遠くのほうからそっと見ているだけ、または全然違う遊びに行ってしまう子どもも何人かはいました。でも、他の遊びをしながらこちらのようすは気にして時々見ています。そんな子どもたちにもごっこ遊びの楽しさをどうしても知らせたいと思いました。そこで無理に誘うのではなく、まず保育者と子どもたちでイメージを共有しあって楽しく遊び込むことにしたのです。見ているうちにおもしろそうだからやってみようかなという気持ちになって、自分から入って来たり、また時にはこちらから「○○ちゃんこれお願いね」と簡単な役を頼んで入るきっかけを作ったりもしてきました。そんなふうにして遊んでいるうちに、その子たちも少しずつ自分を表現し楽しめるようになってきました。

その後も、『オキクルミと悪魔』『手ぶくろ』『かさじぞう』など三月まで遊び続けてきました。散歩先ではおもちゃなど何もありません。あるのはそこに落ちていた棒切れ、木の葉、石、草などだけです。それらをいろいろなものに見立てたり、またないものをあるように見立てたりしながら、言葉によってイメージを共有しあって遊んできました。保育者にゆとりがあって、子どもに負けないひらめきとみずみずしい感性で遊びを工夫していけば、みたてつもり遊びはよりいっそう楽しいものになるでしょう。

●毎日の散歩は楽しさの宝箱

ほとんど毎日といっていいほど、たくさん散歩に出かけてきました。子どもたちは園外に出ると目を輝かせいろいろなものに興味を示し、まだ少ししか持っていない言葉を一生懸命使い、私たちに伝えようとします。だんだん話せる言葉も増えてくるといろいろなことを自分の感じたように、少し興奮気味に伝えてくれるようになりました。伝える相手も保育者から仲間へと広がっていきます。仲間と同じものを伝え合い共感できるようになる二歳児の姿です。何かに興味を示し、働きかけ、それをだれかに伝えたいと思う、そんな気持ちを大切にしてきました。『足腰を鍛え、体をつくる』だけでなく、五感を通していろいろな経験ができ、それが楽しいと思える散歩にしたいと考えたからです。アスファルトの道をできるだけ避け（いまはだいぶ難しくなってきていますが）、地面の上を歩き、生品の豊かな自然の中で四季の変化を肌で感じながら、「本物」に触れ合い伝え合ってきました。

子どもたちは草花が大好きです。花束を作って「これ、ママのおみやげ」と毎日のように持って帰ったり、タンポポやつめ草の花でネックレス、指輪、時計、花冠を作ります。また、みんなでタンポポの綿毛を飛ばして、「○○ちゃんち へ飛んでいけ〜」と言いながら見送ったり、笹舟を作って川に流し、橋の下をくぐって出てくるのを楽しみに待っていたり、カラスのエンドウのさやや、スズメのテッポウ、タンポポの茎、つばきの実、草の葉で笛を作り、保育者といっしょに真っ赤になって鳴らしたりしています。コツをつかめば、二歳児でもけっこう吹けるものです。保育者が笛を作ると次々にほしがり、自分の口にあてて頑張っていました。とても楽しいので、保育参観日の時に保護者の方にもつばきの実の笛を作ってもらいいっしょに吹きました。

作り方は簡単。つばきの実を硬い所でこすり、小さい穴をあけ、そこから細い棒を入れて中身を掘り出します。そこに口をあてて吹くのですが、何度も何度も挑戦しているうちに高い音が出るようになります。それでも音が出ない子どもは、自分の声で「ピーピー」と言いながら、鳴っているつもりになって楽しんでいます。この笛はひもをつけてみんなの宝物になり、ごっこ遊びの時に使ったりもしました。

木の枝、棒も便利で魅力的。自分の手では届かない物、触りたくない物を触ることもできるし、水の中、穴の中に入れ、ようすを見ることもできます。笛にもなるし、太鼓のばちにもなります。年長児が使うアイヌの剣や弓の代わりにもなります。散歩に出て自分のお気に入りの棒を見つけると、もうそれは宝物。あっちこっちつついての探索活動がはじまります。先日は、虫探しの道具になっていました。棒で枯れ葉をどかすと、そこにはだんご虫やミミズがいっぱいかくれんぼをしています。素手でミミズをつかまえる子もいますが、必死に逃げていくミミズを棒でぶらさげるように捕まえ、「キャーキャー」と喜んだり、もぐらの穴、ザリガニの穴、ありの巣に差し込んで中のようすを調べたり、木や木の葉に触ってみたり……。こんなに素敵な棒ですが、『振り回したら危ない。ささったら大変』という心配もあります。でもやっぱり、手足の延長となって自分の要求に応えてくれる、大切なこの棒を取り上げてしまうことができないな、という思いで見守っています。

生き物も大切な友達です。散歩途中で見るいつもの犬には必ず挨拶したり、話しかけたり、歌をうたってあげたりしています。牛、豚、山羊に会いに行くこともあります。行きながら自分たちも動物になったつもりになって、「○○は犬」「○○は猫」「○○はテントウ虫」などと遊びが始まったりします。

子どもたちは虫、とくにアリ、テントウ虫、だんご虫、カエルが大好きです。散歩途中、だれかが「アリのおうちがあった」と言うとすぐに集まってきます。黙ってじっと魅入っている子。つかまえてよく見ようとする子。かたっぱしからペンペンとつぶしてしまう子（月齢の低い子が多い）といろいろですが、アリが虫を運んでいるところを見つけ驚いたり、巣の中に棒を入れてつついてみたり、話しかけたりして、みんな興味津々です。

保育者が大きな石を「よいしょ」とどかしてみると、その下にアリの巣ができていて、たくさんのアリ、卵、さなぎを見ることができました。驚いたアリたちは、卵やさなぎをかついでチリチリと急がしそうに動き出しました。そのようすにしばらく魅入っていた子どもたち（石はもどしておきました）、今度は自分たちの番です。大きめな石を見つけると、次々どかしてみようとします。足を踏張り全身の力を込めて、それでも無理だと保育者を呼びにきます。「○○来て、何かいたよ」「わ～ミミズ」。ポケットの中に、だんご虫やカエルを入れて、「おみやげ」と大切そうにしている子もいました。摘まんだり伸ばしたりちじめたり、力を入れて持ちすぎて、中から何かが出てきてしまったり、大人から見るとドキドキしてしまうようなことがしょっちゅう起こっています。でも決して、殺そうと思ってしているのではなく、こんな遊びをしながらだんだん命あるものとそうでないものの区別がわかり、かわいがったり、大切に育てたりできるようになってくるのだと思います。

散歩では、生き物だけでなく、暑い太陽、あったかい太陽、そよ風、空っ風、雲、雨、霜柱、氷、水たまりなど、いろいろな自然現象との出会いがあります。

あるとても寒い日、神社で何層にも重なったそれは見事な霜柱を発見。手が冷たいと泣きべそをかいていた子も、思わず泣きやみ魅入ってしまい目を輝かせていたということもありました。また、水たまりを見るとそこを目掛けてバチャバチャバチャと走って行く子もいます。なんともいえない嬉しそうな顔、声。転んだって平気です。ある時は、その水たまりがワニのいる池になって、ワニに気付かれないようにそっと通り過ぎたりもしました。

ぬかるみ。「あの山まで行きたい」、でも地面は雨上がりのぬかるみです。大人はどこを通って行こうか考えるのですが、二歳児は真っ直ぐ進みます。グニャグニャ、グチョグチョの地面をバランスを取りながら、時には手やしりもちをついて泣くこともありますが、自分の力で山までたどりつき、遊んでくることができました。もしもこれが家の人との散歩だったら、たぶん避けて通らせることでしょう。でも保育園では、この自然のさまざまな現象を許されるかぎり全身で感じ、五感を刺激しながら遊び込んでいます。

●くるみおばちゃん

生品神社の裏には細い砂利道があります。両側には大きな木と竹薮が茂り、小さな墓地と祠があって、子どもたちが「お化けの道」や「トトロの森」と名づけ散歩には欠かせないコースの一つです。ある時、その砂利道の入り口で一人の子がくるみの殻を見つけました。「これ、くるみだよ。中においしい物が入っていたんだよ」ともう二つに割れてしまっている殻をくっつけて見せると、「おいしい？」の一言に集まってきた子どもたちがほしくて横から手を出してきました。「ダメ！　オレのだよ」と最初に見つけた子に怒られます。

「どこで拾ったの？」と聞くと、その場所にみんなを案内してくれました。木はよその家のものでしたが、ブロック塀の所にたくさんのくるみの殻が落ちていました。誰にも気づかれずに地面に落ちていたくるみは真っ黒に泥をかぶり、静かに眠っているようです。実のある物は一つもありません。子どもたちに見つかったくるみの殻はあっという間に拾い集められ、ポケットの中にぎゅうぎゅうに押し込められました（ポケットのない子は手に）。そして保育園へ持って帰り、ある子はカバンの中へ、ある子は園庭の泥山の鍋の中へ……。それ以降、この場所を通るたびに、「ねえ、くるみは？」「まだ食べられないん？」とくるみのことを気にするようになりました。

そんなある日のこと、おばけの道に行ってみると、あのくるみの木に実がついていました。初めて見るくるみの実に子どもたちが大興奮していると、「あら～、元気のいい声が聞こえると思ったら」と家の中からおばちゃんがでてきました。自分の家の前で三十人からの子どもたちが大騒ぎしているのですから、驚いて出てくるのも当然。おばちゃんはニコニコして大勢の子どもたちがいっせいにしゃべりだすのを「うん、うん」と聞いてくれました。「くるみが食べたい」というのはわかってくれたようで、「いいよ、いっぱいとってきな」といってくれました。大人も子どもも大喜び。でもまだ食べられないので、実が落ちる日まで待つように言われました。それからはさらにくるみの道を通ることが多くなり、おばちゃんと子どもたちの交流が始まりました。返事の返ってこない日はなんだかみんなさみしそうで、帰りにはもう一度寄ろうと言い出す子もいたほどです。

こうしてやっとくるみが落ちる季節になりました。子どもたち、保育者、そしておばちゃんも待ちに待ったくるみ拾い。庭に入れてもらい、おまけにビニール袋まで用意してもらってたくさん拾いました。炒って食べると香ばしくって甘くって！　金づちで自分で割るのもおもしろい！

このクラスが卒園したのち、くるみ拾いを引き継いだのは二歳児クラス。今までのパワーのある子どもたちを見ていただけに、おばちゃんも「こんな小さい子が歩いて来たの？」と驚いていました。しかし、しっかりくるみを拾い、しっかり取り合いのケンカをするのを見て、「みんな、おんなじだね」と笑っていました。

この年はくるみを使ってホットケーキを焼いてみました。くるみの香ばしい香りとホットケーキの甘い香りが部屋中に立ちこめ、保育園中の子どもたちがつられて集まってきました。簡単なホットケーキですが、こんな時は子どもたちにほめられます。「お料理じょうず！　コックさんみたい」ほめられると嬉しいものですね。食べてみるとくるみがカリッとしてとってもおいしくて、おもわず何回もおかわりしたくなってしまうけど、給食前だからがまん、がまん……。

食べながらおばちゃんの家で拾ったことをいろいろ話しているうちに、「おばちゃんホットケーキ食べるん？」とだれかが言いました。「そうだね。おばちゃんホットケーキ食べるかも」「ありがとうって持っていこうか？」の声に、みんな大賛成。給食室のめぐみさんのところで素敵なラッピングの袋とリボンをもらい、かわいく包んでお昼寝のあと、いつもより早くお着替えをしておばちゃんの所へ持っていきました。

「まあーおばちゃんにくれるの」「あら、あら」ととっても喜んでくれたのを見て、子どもたちはほんとうに嬉しそうでした。

おばちゃんちへのくるみ拾いはもう五年間続いています。おばちゃんちの垣根をブロック塀にする工事のとき、大工さんがじゃまだから切ろうとしていたくるみの木を子どもたちが楽しみしているからと、切らずにとっておいてくれたこともありました。顔を見せない日がしばらく続くと、心配してくれて、家の前を通ったほかのクラスの保育者に、「くるみもうすぐとれるからおいでねって言っといて」と伝言してくれたり、おじさんも出てきてくれて木からくるみを落とし、とりやすいようにしておいてくれたり……、私たちはくるみ拾いをとても楽しみにしていますが、それはきっと待っていてくれるおばちゃんに会えるから、こんなにも楽しいのだと思います。

いつも通る散歩の道で大人の視線で気づかなかったものを子どもの視線で見つけた、この大発見のおかげでくるみに出会え、そして何よりいつも笑顔で迎えてくれるおばちゃんに出会えたのです。子どもたちが保育園で生活している時、保育士だけが保育しているのではなく、地域の環境、そして人が子どもを見守り育てていっているのです。そういった環境がすぐ近くにあることを感謝し、私たちもその機会を大事にしていきたいと思います。きっと今年も、たくさんのくるみが実るのでしょうね。

●どの子も安心してすごせるように

保育をしていくなかで、おとなしく、なかなか自分を出しきれない子どもが気になりました。家では元気に話をしているようなのですが……。

朝、「おはよう」と声をかけて、受け入れても、下を向いてしまったり、帰りに「おむかえ、ママがきたよ」と言っても、しゃがみ込んでしまったり、声をかけると横を向いてしまいます。なかなか気持ちをひらいてくれません。その子はじっと遠くの方から私を見ているのです。しょっちゅう視線を感じます。でも私がその子の方を見るとすぐに目をそらしてしまうのです。体の動きはちょっとゆっくりです。他の子どもからいつも外れているわけでもなくあまり目立たない子でした。そこでまず誘いかけるような笑顔で体にそっとさわったりしながら出来るだけ多くの言葉をかけてきました。まずはうなずくだけでもいいと思いながら、「できない時はやってといってね」と声をかけ、いっしょに着替えをしてきました。あれは夏ごろだったか、はじめて「やって」と言ってくれました。その時とてもほめ、私も嬉しいということを伝えました。

また午睡のときは近くに行って寝かせつけるなど、小さなことですが毎日の生活の中で意識的に触れ合うことを繰り返すことによって、その子の気持ちをしっかり受けとめ、心の居場所を作っていこうと心がけてきました。そんな中で少しずつ笑顔を見せ話しかけてくれるようになってきました。特に問題行動をするわけでもなく、見逃してしまいそうな子です。でもていねいにかかわることによって、大人に大事にされたと感じた子どもは大きくなっても自分も他人も大切にできるようになるのだと思います。どの子もみんな自己肯定感の持てる子どもに育ってほしいと思っています。

1・2歳

GOOD LUCK

第Ⅱ章

幼児の世界
仲間といっしょに、表現する力を育てる

自分で考え表現できる力を養う

幼児の入り口にたつ三歳になると、子どもたちの活動範囲もぐっと広がり、歩くこと（山登りも含めて）も本格化します。保育者の言葉も伝わるし、たくさんの言葉を使えるようになるので、さらに豊かな環境を作っていきたいものです。

感覚を育て、描画活動や、体作り、豊かなあそびを通してたくましく健やかな体はできてきますが、では就学前時期の育ちについて、何をもって育ったと評価できるのでしょうか。大切なのは、遊びのなかで獲得したさまざまな力を、自分の体を通して表現できることだと私たちは思っています。生品ではかつてはリズムを通しての表現遊びが主でしたが、いまはリズムとともにごっこ遊びにつながる劇遊びを大切に考えています。

三、四、五歳と年齢を追うにしたがって、活動の内容はだんだんとレベルが上がるようになりますが、私たちは、単にできる、できないにこだわるわけではありません。ただ、ダメかなと思ったときに、もう一回やってみようという意欲をもてる子に育って欲しいと願っているのです。そのためには、うんと楽しい経験をさせ、頑張ったらいい気持ちになることや、頑張れる、と自分に自信がもてるようにさせてあげたいと思っています。

1 はと組（三歳児クラス）

春、二歳児クラスから一つ大きいクラスになった子どもたち。きっとみんな「お兄ちゃん、お姉ちゃんになった」と喜んで来るだろうと少し期待していましたが、やはり涙なしでは登園できませんでした。三月の時はずいぶん落ち着いてきたと思ったのですが、新しいスタートはだれでも不安なもの、でもこうやって今年より来年、来年より再来年と強くなり、不安なことをだんだんに乗り越えていけるようになるのでしょう。そんな子どもたちとどんなふうに信頼関係を築いていこうか。まずは気持ちを開放でき、そして〝やりたがりや〟の心をくすぐるような楽しい遊びを、身体を使ったり、知的部分を刺激しながら取り組んでいこうと思いました。今まで以上に〝考える〟ことができるようになり、いろいろな物事に興味を持ってくるでしょう。その前向きな姿勢を大事にし、力を発揮できる場を作っていけたらと思いました。

●主人公になれる瞬間――散歩でのひと幕

保育園の周りにはまだ畑や田んぼがたくさん残っています。それでも団地ができ、店舗も増え、ずいぶん開発されてきました。田舎に見えるこの地域でも子どもたちの遊び場が少しずつなくなってています。広い田園で遠くにある街並みをみると、バージニア・リーバートンの『ちいさいおうち』を想います。〝遠くに見えた街並みが年月を経て、だんだんと近づき、いつも間にか自分も街の一部になって取り残されていた〟という場面を。この子たちが大きくなって自分の遊んだ場所がわからないほど変わっていたら淋しいですね。

子どもたちは田んぼに行くと大好きなアマガエルを探し始めます。ちょっとでも動くと見逃さず、パッと捕まえてしまう子もいれば、「いたー、いたー」と声だけで触れない子もいます。たけるくんはカエルには興味を持ったようですが、みんなから離れた所で一人立っていました。ふだんからあまり話もせず、保育者が声をかけても視線をそらし、うつむいてしまう子です。散歩に行く途中も一番後ろのほうからのんびりついてきて、はしゃぐことがありませんでした。たけるくんの手にカエルを乗せてあげました。すると最初は嫌がっていたのですが、手の上のカエルが逃げようとすると反対の手で押さえてその後カエルをじっと眺めていました。

五月の連休も明け、少しずつクラスが落ち着き始めた頃、少し長めの絵本『おたまじゃくしの101ちゃん』を読んでみました。物語の場面場面で、集中したりざわついたりと波がある中で読んでいきましたが、回を重ねる度に、グッと物語に入ってくるようになりました。時には一日に何回も読んで急かされることもあるほど大好きな絵本になりました。

ある日散歩に行く時に、いつもは「お散歩行こう」と声をかけるところを、「おたまじゃくしの子どもたち、お散歩行きますよー」と呼びかけると、いっせいに「行く行く、オレ101ちゃん」と集まってきました。いつもならだれかしら来ない子がいるのに、です。しかもみんながおたまじゃくしになりたがっているなか、たけるくんが「オレ、カエルのおかあさん」と先頭に立ち、「みんなお母さんについておいで」と引っ張っていくのです。

マイペースでのんびり最後尾をついてくるたけるくんが、先頭で走っていきます。途中保育者がタガメや、ザリガニになって登場し、おたまじゃくしを捕まえようとすると、お母さんのたけるくんはみんなを守ろうとしています。保育者にも仲間にもなかなか心を開いてくれなかった彼がこんなに堂々と〝カエルのお母さん〟になりきっている姿を見てほんとうに驚きました。

「絵本の力はすごい！」。二歳児クラスから比べると、子どもたちが好む絵本の種類も変わってきました。単純な内容のものから少し長めで話の内容に変化のあるものを喜んで見てくれるようになりました。絵本から遊びが広がっていくこともあるし、また遊び込むことで絵本が好きになる場合もあります。よい絵本は子どもたちにとって友達みたいに好きなものです。大人はつい絵本を通して字や言葉を覚えてほしい、感性豊かに育ってほしい、と願ってしまいがちですが、大人の想いが強ければ強いほど、子どもは絵本から離れていくように思います。敏感な心は絵本の裏にある大人の下心なんてすぐに見抜いてしまうのではないでしょうか。まずは、私たち読み手となる大人が絵本を楽しみ、聞き手と心をつないでいくことが大事なのだと思います。

その後も「101ちゃんごっこ」は大変盛り上がり、しばらくは散歩へ行くとお母さんガエルのたけるくんが先頭を走る姿が見られました。田んぼで一人立ち尽くしていたたけるくんが、夢中になれるものを見つけ、心を開いてくれた嬉しい出来事でした。このことがきっかけで、もうカエルを触れない子はいなくなりました。われ先に捕まえようと一匹のカエルに何人も群がり、カエルがかわいそうなほどです。

●春の楽しみ？　タケノコ掘り

春のお楽しみはタケノコ掘りです。今年で二度目。竹やぶには小さな頭がチョコンと出ていました。「春ってなーんだ？」子どもたちに聞いてみると、「つくし」「たんぽぽ」「あったかい」「いいにおい」など。そして「タケノコ」という答えが返ってきました。四季を大事にする日本で、子どもたちも三歳児なりの春を感じているようです。

タケノコ狩り当日は、朝五時起きで「保育園に行く」と張り切ってくれたしおりちゃんや、タケノコメニューをあれこれお母さんから聞いてきてくれたしょうくんなど、みんな意欲満々で迎えました。食べることにこれだけ意欲がもてるのは大事なことですね。「食べる意欲は生きる力」園長ならびに職員一同、この部分は自信を持って子どもたちの手本になれそう……。

タケノコの根がどのくらい深い所まであるか、保育者がタケノコの片面の土を掘ってみました。最初はちっちゃいタケノコと言っていた子どもたちも見えない所でこんなに大きくなっていたのには、驚いたようです。残り半分は子どもたちが掘りました。やっと抜いたタケノコ、どんな料理で食べるかあれこれ考えながら給食室に得意になって持っていくと、給食の先生が「大きいのとってきたね！すごい！」と声をかけてくれました。子どもたちがどんな想いで抜いて、ここまで運んできたかということをよくわかってくれています。保育者だけでなく、園全体が子どもを見守っている姿勢が嬉しくもあり、大切なことだと実感しました。「明日はタケノコご飯ね」また子どもたちの明日への楽しみが一つ増えました。

その後、保育園の園庭にも元気なかわいらしいタケノコがたくさん出てきました。

♪「タケノコ一本おくれ」

♪「まだ芽が出ないよ」

もちろん本物のタケノコではありません。子どもたちがタケノコになりきって遊んでいるのです。最初のうちは保育者に抜いてほしがっていたのですが、そのうち近づくと逃げてしまうタケノコも出てきました。

保育者「あれ？　さっきまでこの木の下にいたのに」

子ども「あっちの山にいっちゃったよー」

保育者「あれ？　こっちの山にもいないよ」

子ども「川の向こうにいっちゃったよー」

保育者「よし、地図を持って探しにいこう」

タケノコとの追いかけっこが、タケノコ探しの旅になってしまいました。葉っぱの地図を持って、園庭の泥山や遊具を山や橋に見立てて渡ったり、途中オオカミやワニなどに行く手を阻まれながらやっとタケノコを見つけることができました。

自分の手で掘って、食べて、その思いを遊びにしていく、そういう経験を大事にしていきたいと思っています。

●オオカミが来た！――オオカミごっこ

〝変電所の近くにある公園〟には四方向から入れるトンネルがあります。子どもたちは二歳児クラスの時から、そのトンネルで遊ぶのが大好きでした。

ある日、いつものようにトンネルに入って遊んでいると、「ガウー」突然オオカミが！　怖くて逃げる子のなかには泣き出す子もいます。今までいっしょに楽しく遊んでいた保育者がちょっと木の陰に隠れて、「ガウー、オオカミだぁ、腹がへったなー」と言っただけで、子どもたちにとっては怖いオオカミになってしまいます。あまりにも怖がるときは、喜んでいいのか少し複雑な気持ちになるときもあります。子どもたちの目には保育者の顔がどんなふうに映っているのでしょうか。

あるときオオカミが子どもの靴をとってしまったことがありました。「いい靴だなぁ、オレ様にピッタリだ！　もらったぞ」。それまで怖くて逃げていたまことくんは、突然「やめろ、だめだ！　かえせ！」とオオカミに掴みかかっていきました。それをきっかけに逃げているだけだった他の子たちも、「かえせー、かえせ！」「オオカミやっつけちゃえ」とみんなでオオカミの体にしがみつき、靴を取り返してしまいました。怖いけれども挑んでいく勇気、まことくんの最初の勇気が、周りの子どもたちにも伝わったのだと思います。いつもは力の加減が上手にできないことで友達に思いを伝えられず、ケンカになってしまうまことくんがみんなの気持ちを一つにしてくれた出来事でした。

ひとみちゃんはとても怖がりで、こういう場面では必ず保育者の後ろに隠れて動けなくなってしまいます。しかしオオカミに保育者が捕まってしまった時、みんなが保育者を助けに行くのを見て泣きながらもオオカミに挑んでいきました。みんなの力が動けなかったひとみちゃんを動かしてくれたのでしょう。

こうしたごっこ遊びは、毎日の遊びの中で変化し広がっていきます。このオオカミに靴を取られてしまった事件は、何度か繰り返す中でルール遊びに変化し、四歳児クラスのときには〝靴取りゲーム〟として続くことになりました。

子どもたちが家庭でテレビを観ている時間が長くなったといわれています。観ていなくても、つけっぱなしの環境の中で過ごすことがどんな悪影響を与えるか、保護者懇談会でも伝えてきました。朝眠そうな顔で登園してくる子の中には、夜中までテレビゲームをしたり、大人と同じ番組を遅くまで見ていて起きられないという子もいます。大人が〝子ども時間〟を無視し、大人と同じ生活に慣らしてしまうことは、後になって子どもへ大きな歪みとなって影響が出てくることを忘れないでほしいと思います。

テレビの中でもヒーロー物は子どもたちに人気があります。男の子などは特に○○レンジャーになっての戦いごっこが大好きです。きっと昔のチャンバラごっこの現代版なのでしょう。子どもは強い者への憧れを持ちますが、その気持ちを戦うだけに使うのはもったいない。もっといろいろな遊びへと深めることはできないだろうかと考えました。そこで「孫悟空」に取り組んだのです。強くて、やさしくて、だけどいたずら好きの孫悟空を子どもたちはすぐに好きになりました。悪役はいつも保育者でしたが、遊び込むうちに子どもたちも真似をして金角、銀角になり遊びがどんどん楽しくなっていきました。登山に行った先の山を物語に出てくる「火炎山」にしてしまったり、近所の畑のひょうたんをもらいにいったり、動物園に本物のサルを研究しにも行きました。園庭の隅にサルのお城を作り、朝から夕方まで一日そこで生活し、父親参観ではお父さんたちに孫悟空の冠を縫ってもらいました。それらの経験を通して育ったイメージが、劇遊びとして表現する力につながっていったのです。

●子どもの瞳で気づくこと

毎日のように園庭や、保育園の周辺を元気にかけまわっている子どもたち。園外に出ると地域の人たちとも触れ合う機会がたくさんあります。散歩中必ず道に出てきてくれるおじさんやおばちゃん。みんな、子どもたちの元気な「おはようございまーす」の声に答えてくれます。そんなあたたかさも園外に出る楽しみになっているのです。毎日の生活で地域を散策し、バスに乗って、ふだん保育園周辺では経験できないような遊び場へと出かけます。子どもたちはバスで出かける園外活動が大好きです。特に山登りではふだんと違う景色のなか新しい発見をしながら遊んでいきます。自然の中で過ごすことは気持ちも開放され遊び込むにはもってこいです。しかし同時にしてはいけない事、危険な事も伝えていかなければなりません。たくさんの経験のなかで、自分自身で気をつけ、身を守り、危険を予測する力が育ってくるのです。

ある山登りでの一場面。みんなで勢いよく登っているなか一人じっと動かない子が……、いつもマイペースのみずきくんです。「前の子行っちゃうよ」という保育者の声も聞こえていないようすで、ただじっと何かを見ています。『ん？　なに？』じつは落ち葉についていた小さな虫を見ていたのです。虫（しかも一～二ミリの）が落ち葉の隙間をもぐっているようです。こんな広い山の中でしかも登っている最中になんで気づいたのでしょう？　急な斜面で手をついたときに気づいたのでしょうか。興味深そうにずっと観ている姿に子どもの興味の持ち方、意識の向け方は大人が考えている以上に敏感なのだと改めて感じました。

●ごっこで育つ子どもの絆

三歳児クラスになり、保育者対子どもという関わりがやっとだった子どもたちも、仲間を意識し始め、集団の中で育ってくることで、少しずつ子ども同士でも遊びが広がるようになってきました。特にごっこ遊びでは仲間同士でお互いのイメージを交流させることを楽しめるようになってきました。お互いの思いを表現しようとするごっこ遊びですから、その中でのケンカもたえません。お母さん役になっていた子が赤ちゃん役の子にいうことを聞いてもらえなかったと怒ったり、お父さんが会社に乗っていく車を他の子が取ってしまったり、オオカミ・お化けなどの悪役が強すぎて相手を泣かしてしまったり……。三十五人もいるのですから、三十五人の思いがそれぞれぶつかり合います。しかしそこではケンカの当事者だけでなく周りで見ている子も何かを感じてくれるようです。仲介に入ってくれて『それでいいの？』と思うような名裁きをして仲直りさせてしまったりすることもありました。散歩でいろいろな物を見て感動し、それを身体で表現したり、絵本の登場人物になりきって遊んだり、日常の大人の生活を真似してみたりと自分が見て触って感じた世界をごっこ遊びの中で広げ、そこからまた仲間との絆が生まれてくるように感じます。

●子どもの絵は語る

楽しいごっこ遊び、散歩、園庭遊び、そして毎日の生活で起こった数々の出来事を描画活動を通して形にしてきました。「いい絵は形が描けることとは違う」このことは三歳児クラスだけではなく、すべての子どもたちにいえることです。

私たちは毎年、子どもの絵・表現活動とはどんなものなのかを学ぶために新見俊昌先生との学習会を行っています。大人から見た形の美しさを求めるのではなく、そこに込められた子どもの〝想い〟を感じとることとの大切さを知るなかで、絵が子どもと私たち大人をつなぐ大きな「橋」の役割をしていることに気づきました〝想い〟を豊かにするための生活や環境、また発達に合った課題についてなど、多くの事を学ぶ場になっていますが、その理想と現実の難しさにいつも悩まされています。

秋、運動会へ向けて子どもたちの気持ちが高まっているころ、保育園に二頭の馬がやって来ました。『スーホの白い馬』に出てくるような白馬と、ポニーです。子どもたちは大喜びで、園長と約束した「馬が驚くから大きな声を出してはいけない」ということを守りながら興奮を抑えるように馬へ近づいていきました。まずは、おおわし組の白馬に跨る勇壮な姿に思わず、「すっげー、かっこいいー」の歓声が起こりました。あわてて周りの子が口を押さえ、シーっと制しています。「約束」は忘れません。この時はとにかく早く乗りたくて、子どもたちなりに考えたことがありました。それは、大きいクラスのように並んで順番を待ったら乗れるかもしれないということです。いつもはあんなにチョロチョロしているのに、保育者の声なしで一列に並び始めたのです。大人に言われたからではなく、子ども自身が並ぼうと考えた時の動きのよさは驚くほど機敏でした。

そしていよいよはと組の番という時お昼御飯になってしまい、まだ乗っていない未満児クラスを先に乗せることになりました。子どもたちに理由を伝えあやまると、「いいよ、はと組さんだもん」「赤ちゃん先でもいいよ」と快く譲ってくれたのですが、その列から一歩も動かず、とにかくじっと待ち続ける姿を見ていると、気持ちは相当がまんしているのだなと思わずにはいられませんでした。そのかいあっておおわし組しか乗れない白馬に乗ることができてやっと満足してもらえたのです。

その日の午後、絵を描きました。三歳児クラスは子どもと保育者一対一で描いています。「今日は馬に乗れた。こんないい経験を逃してはだめだ。なるべくたくさんの子どもたちの想いを聞いてあげたい」というこちらの意気込みも伝わったのか、ほんとうに素敵な絵がたくさん描かれ、この日をきっかけにクラス全体の絵に変化が表れてきました。「馬に乗った」「馬を見た」その感動が絵の中に広がり、子どもたちのお話によっても私たちに伝えられました。おもしろいのは、かわいそうなことをさせてしまった〝待つ〟という経験が〝やっと乗れた〟という喜びとして絵の中で表現されていたことです。過去を振り返らない子どもたちだからこその素直な気持ちなのでしょう。これらの絵の中には大人の描くような馬の形、人の形なんて出てきません。丸に点と線を組み合わせただけに見える絵。だから絵を見た瞬間お母さんたちは「えー、これが馬?」「うちの子空飛んでる」なんて言うのですが、その隅のコメントを読むと、思わず微笑んでくれます。「こんなこと想っているんだ」って。

『子どもの絵は見るものではなく聞くもの』ということを大事にしながら描画活動に取り組んでいます。そのためにも子どもたちが感動を、その想いをたくさん絵で語ってくれるよう、心に残る生活を一日一日保障していくことを目指しています。

幼児期の子どもが自分の想いを語る方法はたった二つしかないそうです。一つは〝話ことば〟、そしてもう一つは〝絵〟なのです。

散歩へ

COMBI
mini

② つばめ組（四歳児クラス）

●「ぼくたちだっていっちょ前」の四歳児

二番目に大きいお兄さんとお姉さんになった子どもたちはどこか誇らしそう。おおわしさん（五歳児）ってかっこいいなあと思いながらも、「オレたちだってすごいんだぞ、だからまかせておいて！」とでも言いたそうです。仲間との遊びも大人がいなくても楽しめるし、小さな子の面倒だって少々しつこいくらいにしてくれます。だけどやっぱり自分が一番大事、だから気が向かないと頼りにならないこともある、ちょっぴり勝手気ままな部分も持ち合わせている四歳児たちです。

とにかく元気いっぱいで、昼寝のとき以外はぺちゃくちゃと友達とのおしゃべりが続いていますが、一人ひとりになると自らの思いを言葉で表現できない、伝えられないという面がありました。子どもたちのこのような姿を観察し、四歳児の発達の目標である、集団・仲間作りを意識しながらの活動や、全身や手指を使った遊びを含め、毎日の生活を楽しく豊かなものにしていこうと思いました。さらに、一人ひとりが自分の思いを自分の言葉で語れるようになると同時に、人を思いやれる気持ちが持てるようになってくれることを願いました。

●ごっこ遊びからルール遊びを楽しむ

いつでも子どもが主人公になれるごっこ遊び。そのテーマは大好きな絵本だったり、日常に起こる小さな事件だったりします。『たんたのたんけん』や『もりのへなそうる』などの冒険・探検物語は、どの子もイメージが持ちやすく、楽しむことができます。実際に存在していないものであっても、あるようなつもりになって遊びがどんどん展開していけるのです。探険家になったつもりで散歩で通る道が川になったり、草のかたまりが森になったり、犬やネコがライオンだったり、イメージをふくらませながら子どもたちも保育者もみんなで共感できた楽しさを味わうことができます。

自己主張をしながらも仲間・友達を求めるという年齢なので、仲間と関わることができ、なおかつ全身を使って遊べるルール遊びを多くしていきました。

ルール遊びをしていると主張のぶつかり合いが起こり、どっちがボールをとったとか、タッチした、していないとか、あちこちでトラブル・けんかが始まります。時には取っ組み合いになることも。けんかをすることも子どもたちが成長発達していく上で大切ですから、すぐに大人が解決するのではなく、しばらくようすを見守り、解決方法も子どもたちで考え出さすようにしています。案外大人が考えるより切り替えが早く、さっきまで泣くほど言い争っていたのに、すぐに仲良しになれる子どもたちでもあります。

ルール遊びの一つにことば遊び（しりとり）があります。「ん」がつくと負け、とわかっていても、なかなか言葉が見つからないという難しさがありますが、子どもたちは大好きです。しりとりが順調に進み、「す」がつく言葉になると決まってこうなる展開があります。「すみれ」―「れんげ」―「げろ！」。いつも「うわぁ～」と大爆笑になります。表現的としてはちょっとどうかなと思いますが、子どもたちはこういう単純なおもしろさがわけもなく好きなようです。

●楽しさいっぱいのお泊り

夏には、何週間も前から準備を始める〈お泊り〉があります。当日の遊びから食事のメニューに至るまでみんなで決めていき、遊びに必要なものも出来る限り身近にある材料を工夫して子どもたちの手で作っていきます。そのほうがずっとずっと楽しいからです。

「川で遊ぶ」と決めた今回の〈お泊り〉では、水遊び用のいかだと虫取り網を作りました。川に着くとすぐに、大きな発泡スチロールとタイヤチューブで作ったいかだに乗り込んだのです。大勢で乗ったため、あっという間に割れてしまうというハプニングがありました。でも割れてしまったことを気にする子は、一人もいません。だれが言うわけでもなく、小さくなった発泡スチロールをビート板がわりにして遊び始めました。その場所で、その時々で、遊びの中で新しい発見があり、それを楽しむ力が生まれてきたようです。自ら考えとにかく〝やってみる〟、失敗したらまた次を考える。そんな前へ向かって生きていける子どもたちであってほしいと思います。

充分遊び、園に帰って夜になると、もう一つの楽しみ、〝胆だめし〟がはじまります。園の一番奥の部屋でメダルをもらってくるのですが、途中の保育室のあちこちに、恐～いお化けが待っているのです。一人で行くか、友だちと行くか決めるのは子ども自身。先に進んで行った友達の「ギャーッ」

という声に、待っている子どもたちは、よりいっそう恐さが増して泣きそうな顔になります。それでも自分の番になると勇気を振り絞って出かけていくのですが……。いつもは元気の塊（かたまり）のような男の子がお化けを前にするとすっかり弱気になって自分の名前を言い間違えたり、ひとりで大丈夫かな（？）と思える子が逆に堂々とやりこなしたり、想像もつかないことが起こるのも楽しみの一つです。

メダルを手に戻ってくる子どもたちは、みんな「恐いけど頑張ったよ」といわんばかりの表情です。そして次はいよいよキャンプファイアー。胆だめしの興奮が冷めやらない子どもたちの前に現れたのは、火、月、星の三人の神様です。たいまつを掲げて近づいてきた神様は、子どもたちのことをずっと前から見ていたことや、これからも遠い空から見守り続けることを告げた後に、子どもたち一人ひとりが持つ小さなろうそくに勇気とやさしさの火を分けてくれました。その灯された火を吹き消すことで、勇気とやさしさ（の火）が子どもたちの心の中に入っていくのです。火が消えた後には、心があったかくなったと感じられる素直な子どもたちがそこにいました。

●天狗になって劇遊び

天狗といえば、山奥に住み、赤ら顔、鼻が高く、恐いというようなイメージを持ちます。絵本の中にもよく登場しますが、子どもたちにとってはやっぱり恐い存在です。

この子たちと天狗の出会いも最初はそうだったのかも知れません。暮れの文化発表会のテーマにこの天狗を取り上げたのですが、そのきっかけは夏のお泊り保育での出会いでした。

その年のお泊りはいつもと違い、東京の駒場保育園との合同お泊りとなりました。〝群馬の自然、生品の子どもたちのパワーのなかで、駒場の子どもたちもいっしょの時間を過ごすことができないだろうか〞と生品と駒場保育園を行き来している保護者から話があり、実現したのです。どこに行くか、何をして遊ぶか、など例年のようにあれこれ子どもたちと楽しみながら相談しました。場所は桐生市の梅田にある川へ行くことに決まりました。そこはどんな所か？　どんな物があるのか？　気になることがたくさんあります。そこで子どもたちと町の図書館に行き、川や桐生市に関わる本を調べているうち、ある昔話を見つけました。

〈昔、梅田の桐生川の近くにある根本山に、火よけの術を使う黒兵衛天狗が住んでいた。遠く離れた江戸が大火事になったとき、ひとっ跳びで飛んでいき、あっという間に火を消してしまったりと根は、親切で心の良い天狗だった。しかし、時々里におりてきていたずらをしたり、ちょっと乱暴だったので、人々から誤解されてしまう〉

自分たちがこれから行く所に天狗がいたと聞き、子どもたちは驚き、喜ぶ反面、天狗やだなぁ……という表情の子も見られました。そんなときに、しんごくんとまさあきくんがこんな会話を交わしました。

しんご「オレさ、天狗知っているよ。あのさひばり（組）ん時さ、いたじゃん」
まさあき「あ、そうかそうか、いたいた。オレんちの隣りんちのブランコんとこで天狗に会った」
しんご「オレさ、天狗ジャンプとケンケン教えてもらった」
まさあき「オレなんか、こーんなにジャンプできるの教えてもらった」

それを聞いていた〝嫌だなぁ〟と暗い顔をしていた子たちは、パッと表情を変え、あれこれと自分と天狗との関わりを話し始めました。

実はこの子たちがひばり組（二歳児クラス）のとき、散歩で行った神社や、まさあきくんの家の隣の集会所など、いたる所に天狗（もちろん保育者）が出てきて、子どもたちを驚かせたり、時には天狗の力を分けてくれていたのです。そのことを二人の会話から思い出したというわけです。子どもは過去を振り返らないとはいいますが、過去を踏み台にちゃんと先に進める力も育っているのですね。二歳児クラスのころのことをこんなに覚えているなんて、天狗は子どもたちによほど印象的だったのでしょう。

こうしてたくさんの想いが膨らんで、楽しいお泊り保育を迎えることができました。朝、駅に東京の子どもたちを出迎え、いっしょに一日中川で遊び、帰りにはスーパーで夕食の買い物。園に到着してカレー作り、夜の保育園探検、キャンプファイヤーと、あっという間ですが、二日分遊んだくらい充実した一日を過ごしました。

そして、夜の恒例の保育園探検のときです。「一人で行ってみたい人」という保育者の呼びかけに、いつもならスッと一番後ろに逃げてしまい、興味のないふりをしてしまうとしやくんが、「ハーイ！」と先頭で手をあげたのです。「としや、すごい！　行ってみる?」「うん」。たぶん勢いで手をあげてしまい「うん」と答えたのでしょう。いざとなると入口まで引いていった手が汗ばんできて、足取りが重くなってきましたが、それでもちゃんと、ひとりで中まで進んでいきました……。やがて、悲鳴とともに帰ってきたとしやくんは少し青ざめていました。そしてポツリと一言。「天狗がいた⁇」それを聞いた子どもたちの表情はいっきに変わり、思わず後ずさりをします。としやくんの話を聞くと、天狗がリズム室にいて、勇気があるか聞き、「ある」と答えたら、メダルをくれたのだそうです。としやくんの胸には、そのメダルが輝いていました。その後、ほかの子たち全員も、何とか天狗に勇気を認めてもらい、メダルを受け取ってくることができました。

お泊りで衝撃を与えた天狗は、その後も子どもたちの中から消えることなく、いろいろな生活のなかに登場してきました。そして、遊びがどんどん広がり深まるなかで、子どもたちのなかに天狗の共通のイメージが出来上がってきたように思います。そこで、子どもたちのこうした姿を四歳児の充実期の集大成として、劇遊びにつなげていき、自分の想いを表現することの楽しさ、そして難しさをみんなで考え味わうことにしました。

今回は、子どもたちが天狗への想いを大切にしながら遊び、生活してきたそのままの姿を劇にしたいと考えました。しかし、劇にはストーリーがあり、セリフと動きがあります。これが大変で、ふだん自分たちだけで楽しんできたごっこ遊びを、観せることを意識し、考えていかなければならないのです。どんな流れにしていくかは意外とすんなり決まりました。セリフは、遊びのなかで子どもから出た自然な言葉を使っていきたかったので、何度も変わる子どもの言葉を書き取り、繰り返すなかで統一していきました。

一番難しかったのは、観ている側が何をしてるか理解できるように動いていくということです。一つひとつの動きを子どもと確認しあうなかで、登場人物の気持ちや、性格なども考えてみたり、保育者の気づかなかったこと、考えが及ばなかった名案なども浮かんできて、難しいことでしたが、ほんとうに楽しく、そしてすばらしいものに出来上がったと思います。

劇の中で表現するのはとても難しいことです。集団で行うので、一人ひとりが周りを意識することも必要です。いつも活発でおしゃべりな子でも、急にしゃべれなくなってしまうこともあります。しかし最初はそうでも、繰り返すことや仲間の力で少しずつ良いほうへと向かっていきます。逆に今まで力の出し切れなかった子が突然花を開くこともあります。

家ではずいぶんしっかりしていると聞いているりおちゃんは、友達とのなかでは多少話をしているようですが、保育者の前では表情も硬く、なかなか心を開いてくれません。遊びにはいつも入ってきていて、友達とのコミュニケーションもとれているのですが、大人に対しては感情を出せないようなのです。十一月に父親参観がありました。この日、お父さんといっしょに天狗のお面を作ってもらったのですが、その時のりおちゃんの一生懸命さといったらありませんでした。「ああして、こうして」と自分の要望を必死に伝えています。ちゃんと天狗のイメージを持てていて、ごっこ遊びを楽しんできたんだなと感じました。

ごっこ遊びから本格的に劇へ向けていったところ、配役を決めました。やはり一番人気は天狗でしたが、他の役の人数が少なすぎて、これでは劇ができません。「きつね役少ないね。どうしようか?」の保育者の声に、りおちゃんがまっさきに変わってくれました。あんなに天狗に入れ込んでいたのに「りお、いいの? 天狗じゃなくて?」「うん」。他の子もあっちの役からこっちへと移動があり、役が決定しました。みんな自分で役を変えてくれたのですが、やはり最初の役が良かったはず。でもちゃんと気持ちを切り替え、その役に夢中になってくる前向きさ、その気持ちを大事にしてあげなくては、と思いました。

きつね役の子どもたちときつねについて考えました。「このきつねってどんなきつねなんだろう」。すると、それまでの遊びのなかでイメージが作られてきているようで、元気がある、いたずらが好き、食いしん坊、しっぽがきれい、目が細いなど、外見や中身まで次々に意見が出てきました。「じゃあこのきつねが変身するとしたらどんなふうに変身するのかな?」という問いには、子どもたちがしばらく考えていたのでまかせることにしました。結局、元気があるから、ちょっと飛び上がる、そしてくるっと回って変身する、という動きになりました。いつのまにか筋の通ったことも考えられるようになったのです。そんななかで、劇をするたびにりおちゃんの声が大きくなったように感じました。ある時、りおちゃんの変身姿がとてもよかったので、みんなを集めて見せてもらいました。すると、臆することなく堂々とやって見せるのです。「りお、じょうずー」のみんなの声に嬉しそうにはにかんでいました。

その後、みんなに、こうしたほうがいいよとアドバイスをしたり、劇以外でも「ちがうよ~だよ」と自分の意見を言ってくれる姿がありました。何より驚いたのが一月二十六日の朝です。いつものように登園してきたりおちゃんを入り口まで迎えにいくと、りおちゃんから「おはよう」と初めて声をかけてくれたのです。やはり保育者として、子どもが心を開いてくれた時、心が通じ合ったときほど嬉しいことはありません。今まで心が通じ合っていなかったとは思いませんが、この瞬間今までの壁はなくなったように感じました。遊びを通して子どもたちが自信を持ち、成長していける、そのきっかけを作り、見逃さないようにしていくことが大事なのだと改めて感じました。

毎日の生活で感じた想いやたくさんの経験、そしてあらゆる発達の機能が四歳児のことばの世界を作り出し、そしていっしょに過ごした仲間や大人、環境などが「話す」ことの楽しさを育てていったように感じます。仲間とぶつかりあうことがことばを育み、ことばが集団をさらに深め、そして表現する力へとつながっていきました。四歳児クラスの劇は意識して集団を作り始める第一歩であったのかもしれません。

●なな子ちゃん

クラスの中に、生まれつき体が弱かったため四歳から入園し、はじめて集団生活を体験するなな子ちゃんという子がいました。当然のようにその生活に慣れるまでは、毎朝泣きながら登園する状態が続きました。日頃の保育者との会話からは想像もつかないほどの大きな声で泣き出します。

好奇心旺盛、何でも興味のある〝知りたがりや〟の在園児たちは、新しい仲間と関わりたくてしかたがありません。二、三人の子がいつもなな子ちゃんの近くにいっては「ねえ、あそぼ!」と声をかけ、自分たちの遊びに引き込もうと手を引っ張ってくれます。でも、なかなか友達を受け入れることができません。周りの子の元気さについていけなかったのです。友達より保育者のところにいることを好みました。

友達を受け入れなければ、遊びも始められません。汚れるのもイヤなので泥や砂の感触遊びを味わうことも知らないのです。友達や保育者が「おだんご作ったよ。おいしそうでしょ?」と、泥だんごを手になな子ちゃんのところに持っていっても、「これ、泥だから食べれないよ」と一言。みたて、つもりを楽しむ経験がなく、他の子との遊びが成立しないのです。

なな子ちゃんのことでもうひとつ気になったことは、運動面での活動の弱さです。体のこともあるので無理はできないにしても、四歳の子どもなら、日常生活を送る中で自然に体験・習得できることの多くができていないのに気づきました。そこで、小さなことから一つずつ自分の力でやってみることに重点を置き、出来たときの充実感・達成感を味わえるようにしていきました。しかし、やりたい気持ちより強い抵抗（恐怖）感があるために、好奇心につなげていくのに時間がかかりました。散歩などでは、歩くことがイヤなのですぐに座り込んでしまったのですが、他の子とは歩く速度も距離も変えて散歩の気持ちよさを感じるようにしていきました。

毎日の生活だけでなく、運動会などの取り組みをしていくうえでこだわったことは、課題ができるかどうかということより、「やってみよう、頑張ってみよう」という気持ちを持ってほしいということでした（これはなな子ちゃんに限ったことではなく、すべての子どもたちにいえることでもありますが）。同じつばめ組の一員として「イヤなことはしなくてもいいんだ」と、やらずに投げ出すことはできるだけ認めないという強い意思のもと保育を進めていきました。

夏が過ぎ、運動会へ向けた取り組みがはじまる頃のことです。四歳児クラスの運動会の課題の中心は雲悌。やはり、〝はじめてのこと〟なので極端に恐がり、やる気も興味も見えてきません。雲悌の取り組み始めは、できない子が大半です。それでも、「もう一回」とすぐに気持ちを立て直し、列の順番に並んで繰り返し挑戦する子がほとんどなのですが、なな子ちゃんは後ろへ後ろへとずれて一度も雲悌の所に来ようとしないのです。やってみることの大切さを話し、「絶対に手を離さないで持っていてあげるから」と声をかけ、とにかく雲悌の所まで連れていきました。はしごを登るときから、全身がブルブル震え、手を動かすこともできないくらいに泣き始め、「お母さ～ん、お母さんがいいー、お母さんがいない！」と大声で叫ぶのです。

こんな調子だったのですが四月の入園から半年がたち、体調も安定していて、どの程度の運動量なら要求できるかが少しずつ見えてきていたので、雲悌への自発的なぶら下がりや、一本か二本目くらいまでの移動は可能だろう、そこまではなんとしてもやり切らせたいと課題を決めました。

やってみようという気持ちになれるよう、毎日毎日必ず声をかけました。泣き声もますます激しくなったのですが、泣いてもわめいても担任が二人で抱えながら、全体重を支えて雲悌にぶら下がり、手を出すことを繰り返し練習していきました。その結果、再び登園を嫌がる日が始まってしまいました。母親には、「雲悌やるからヤダ」「川田（担任）がキライ」と訴えていたそうです。

こんなようすを見ていた仲間たちは、はじめのうちこそ「なな子はできないんだよね」と言っていたのですが、しだいに「なな子頑張れ、オレの見てみな。手持ってれば平気だよ」と励ますように変わっていったのです。毎日続けてきたことで、自力でぶら下がることができるようになりました。このときは大げさなくらいに「できたー、ヤッター」と保育園中で喜びあい、なな子ちゃんにうんと嬉しさを感じてもらうようにしました。

こんな毎日を繰り返えしたうち、こちら側からの声掛けでしか練習を始めることをしなかったななな子ちゃんが、ある日、自分から「雲悌やりたい」と言いました。だからといってすぐにできるわけではありませんが、気持ちが前向きになったのでしょう。入園当初は、自分のクラスより、居心地のよい乳児クラスにいることのほうが多かったため、クラスの友達が何をしようと別にあせることもありませんでした。しかし、同じ課題をやるようになり、同じ時間を過ごすようになってからは、つばめ組にいることを強くのぞむようになりました。それでもこの段階では、仲間の中にさえいれば、実際に同じことをしなくても満足しているという感じでした。

そんなな子ちゃんでしたが、嬉しいことに秋も深まったころには、自分から「だんご、作ろうよ！」と誘ってくれるようになりました。もうそこには汚れを気にするなな子ちゃんの姿はなく、主体的に楽しんでいる姿がありました。まだまだいろいろなことに一進一退ですがこれからも共に楽しんでいこうと思っています。

●うんと仲間意識をもってほしい

もうすぐ年長になろうとしているころ、子どもたちに、少し気になる部分が見えてきました。それは仲間はずれとも思える行動で、どんな時も特定の子どもたちといることが目立ってきたのです。年齢的には男の子、女の子を意識し始めたり、気の合う友達が出来るのは当たり前のころですが、それが極端なのです。いくら「まぜて」と言っても、「でっかいからダメ！」とか、「ヘタくそだからヤダ」などと相手の子を傷つけることを平気で言う姿が多くなり、とても悲しくなりました。身体的理由による意地悪についてはきびしいくらいに注意していきました。人間として大切な人を思いやる心を持ってほしいと思ったからです。

気になることのもう一つは、「無関心」です。例えば、当番以外の子にお手伝いを頼んだ時に、

「え？　お当番じゃないもん」と言ったり、「〇〇ちゃん」と指名しなければ聞こえていても知らん顔なのです。あれほど難しい劇をみんなで作り上げた子どもたちなのに、どうしてその力が生活の中に結びついていかないのだろうかと、保育者としての力不足を痛感しました。思いやる心と先を見通す力を持てるよう、細かな部分にまで口うるさく声掛けをしていきました。あまりに言い過ぎると、子どもたちが指示待ちになってしまうのではないだろうかと迷いながらも。

子どもが生きていくために必要なさまざまな力は、実際の経験の中からついてくるもので、ただ遊んでいればいいのではなく、掃除することにも草取りをすることにも大切な力が隠れているのだと思います。一人ひとり（個性）を大切にしていきながら、さまざまな場面で互いに認め合えること、そしてその子なりの良さを言葉に出して、まわりの仲間たちに伝え響かせてあげることで、時にはぶつかり合いながらも少しずつ共感しあえる仲間と集団が作っていかなければならないのだと思います。

どきどきわくわく お泊まり保育

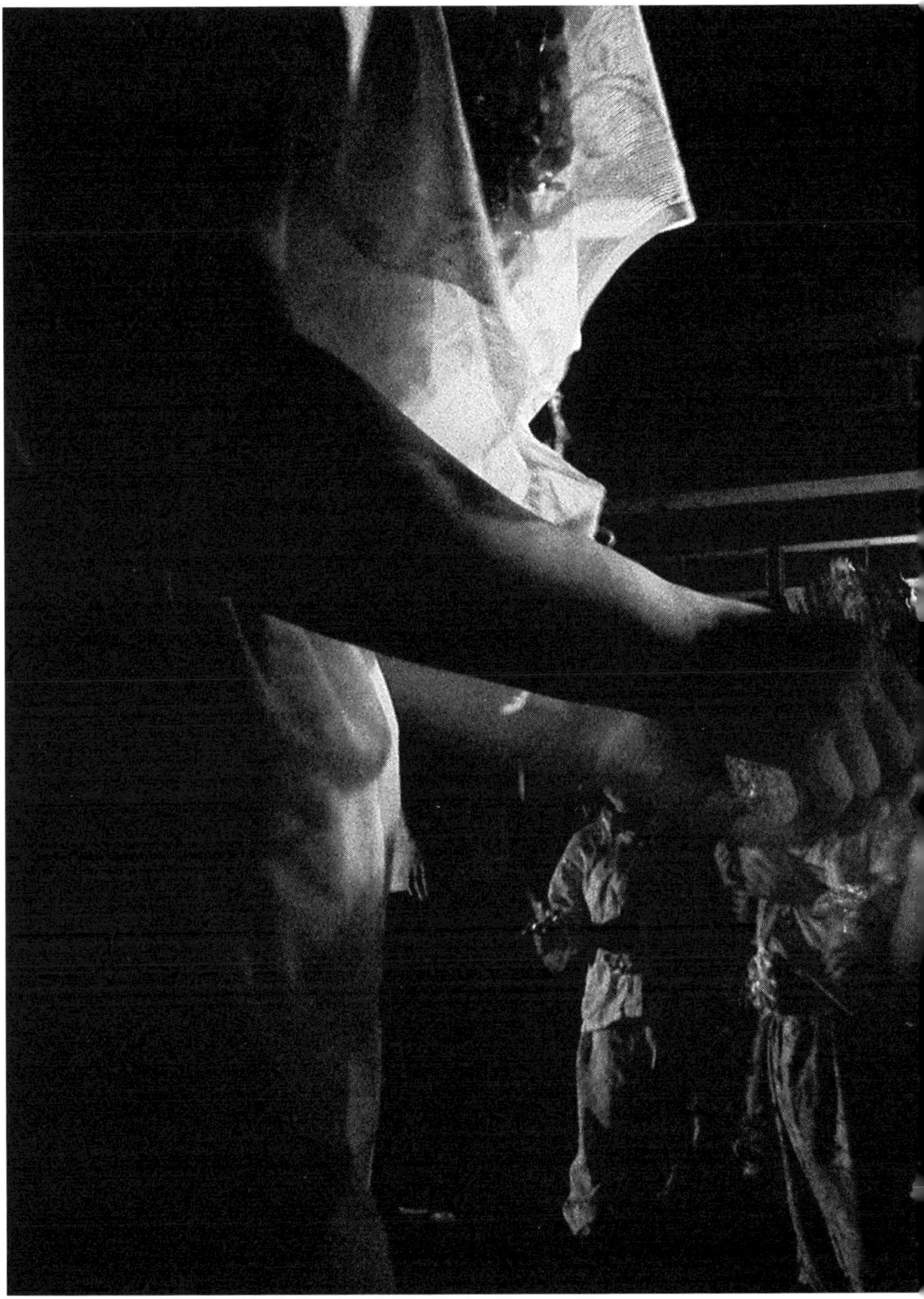

新田町 No.6

③ おおわし組（五歳児クラス）

●あこがれのおおわしになったよ

年長児クラスは保育園生活の最後、総まとめの年です。それまでの保育園生活で積み重ねてきた様々な技能、能力を有機的に結びつけ、人間にとして豊かな生活を送っていくための基礎力を確立していけるようにさせてあげたいと思っています。おおわし組になると、毎日の生活当番とともに、夏合宿、納涼祭、運動会、生活発表会、スキー合宿、卒園式などの行事を通して創作活動・表現活動を行うことが増えていきます。このような取り組みを充実させることによって、新しい物事に挑戦する姿勢、やり遂げられたという自信、一人やみんなで物を作っていく創造力、相手を認める気持ちが育ってほしいと思いながら保育を進めていきました。

●とても大切な針仕事

年長組になると雑巾縫いから始まって鯉のぼり、荒馬作りと針を使うことが多くなってきます。目と手の協応性を育てるには、とても大切な教材なのですが、針を使うことは危険だと心配する保護者の方もいます。もちろん、年長組になって急に使うのではなく、0、一歳でビーズ通しをし、二、三歳で細い針金を使ってじゅず玉通しをしたりと乳児のときからいろいろ遊んできた過程があります。

針で布を縫うことは、これらの延長線上のことととらえています。

雑巾を縫うとき、はじめのうちは大変な子もいます。角から縫い始め、対角線上の反対の角へ針を刺したり、一針の目が十センチくらいになってしまうこともしばしばあります。でも、子どもたちはできあがる楽しさを知っているので、最後まで見通しを持ちながら作り上げていきます。針を使いながら、指に刺したときの痛さを思い知ったり、針をなくした時の対応も身につけていきます。

「針をなくした」というと、近くにいる子はみんな手を休めて探しはじめます。それでも見つからないときはだれかが掃除機を持ってきます。掃除機もかけ終わり、また作業に入ると、手を動かしながら、子どもたち同士で「針の穴の大きいほうが、糸が入りやすくて落とさないよ」とか、「糸の色を変えれば落ちた時目立つよ」と話しています。

雑巾縫いのあと、今度は鯉のぼりを作ることにしました。染めた布にアイロンをかけ、端に鉛筆でぬいしろを描き、子どもたちに渡します。雑巾縫いよりもワンランク上の縫い方の始まりです。二枚の布を〈なかおもて〉にして、鉛筆で描いた線の上を針で刺し、それから線の上に出す（裏を見ないで）という縫い方への挑戦です。

「できたよ」と早めに持ってきた子の鯉のぼりは、まつってしまったようなものもあれば、糸を引っ張りすぎて金魚のように縮んでしまっているものもあります。残念ですが縫い直しです。でも、何度か直しをすることで、無事全員仕上げることができました。できあがった鯉のぼりは、天気の良い日に飾り、園のみんなを見守っています。

●山登り・ハイキング――赤城「鍋割岳」登山

散歩だけでは味わえない充実感と満足感を伝えたいと思い、毎月一度は、山歩き（登山）をすることにしました。最初のころ子どもたちは、ダラダラと列が離れてしまいたいへんそうでしたが、慣れてくると登るリズムを自分で作れるようになり、上り坂では黙々と、平らな道ではおしゃべりをしたりと、余裕すらみせるようになりました。

赤城の鍋割岳登山へ行ったときのことです。その日は朝から晴れて、山登りにはもってこい。子どもたちも張りきっているようです。いざ出発！　保育園バスの中では、最近覚えた歌『こーじゃー馬が』を子どもたちがリクエスト。歌い終わりの♪ハイ、ハイ、ハイ♪　というところがおもしろいようで、日頃もよく歌っています。その他にも、新しく覚えた『ひつじの歌（三曲ある）』や『狩人の合唱』など、十曲ぐらい歌い続けていました。

約一時間、バスに揺られて赤城・箕輪駐車場につきました。駐車場で前橋の朝倉保育園の子どもたちと保育士さんたちに「がんばって登ってこいよ」と励まされ、いよいよ山登り開始です。

先頭グループはどんどん走るように登り始めましたが、階段の道になると、少々テンポが遅くなり始めました。歩くのに慣れてくると、回りの音や木を意識しだし、「このうるせえ音なんだ？」「せみ、じゃねん」とか、「この鳥、まだ赤ちゃんかねぇ、ホーケケケって鳴いているよ」「どこまで行っても、みどり色なぁ」などと会話がはずんでいます。

途中、何回か休んで荒山高原に着きました。ここで一休み、持ってきたお茶（水）をおいしそうに一杯飲みました。飲み終わると、いつものように田部井くんが「あと、どのくらい歩くん？」と聞いてきます。「あと、ふれあいの森に三回行くくらい」と答えると、「ウエー、遠いんな」と言っていましたが顔はニコニコです。他の子たちも泣く子はいず、余裕がうかがえました。

そして再び頂上めざして、出発。この荒山高原から鍋割岳頂上までの尾根歩きで、子どもたちに山の風景を見せてあげたいなと、つねづね思っていました。どんなことを感じるのかとても楽しみです。歩きながら山藤くんが「空が近くなった」と言い、菊地くんが「雲が取れそうだな」と言っています。すると中島くんが「走ればあの雲に追いつくでぇ」と走り出しました。聞いている私もおもしろくていっしょに走り出し、休むことなく頂上に着いてしまいました。少し前と後ろが離れてしまいましたが、後ろからきた子たちも笑いながら、「サトウって呼んでも声が聞こえないんだもん、心配しちゃった」と、走りながら話してくれました。結局一時間三十分で頂上に到着しました。すぐ、昼食。そして食事が終わると、すぐに遊び出しました。斜面を使ってどんぐり返しをして真っ黒になり、次はかくれんぼと、まったく疲れを知らない子どもたちです。

帰りは、みんな走って下り、なんと約一時間で駐車場に到着。バスの中でも、ほとんど寝る子もいなく、園長が買ってくれたアイスを食べながら楽しく帰ってくることができました。園に着くと、今度は水のかけっこが始まり、疲れなどまったく感じていないようです。

ハイキングや山歩きは、足腰の体力をつけるだけでなく、登りきったという充実感や達成感が味わえ、子どもたちの自信にもなります。ゆったりとした豊かな自然の中を歩いていくなかで、五感を使ってさまざまな発見をしたり驚いたりもします。実際、大人も感動する発見がしばしばあります。その感動を周りの友達や保育者たちとおしゃべりをしたり、保育園に帰ってから描画によって表現したりすることなどにより、さらに認識が深まっていくのだと思います。子どもが変わるきっかけになることも多いので、楽しいことの一つとして出来るだけ続けていきたい取り組みです。

●田んぼでの泥遊び、念願のお米作り

園庭での泥遊びとはひと味違う田んぼでの泥遊び。五月になると、園児や大工さんのお宅での田んぼを借りて、全身真っ黒けのムツゴロウのように泥遊びを楽しみます。貸してくれる地主さんは、子どもたちが田んぼの泥をこねまわしてくれると「いいお米になるんだ」と言ってくれます。今年も、いつものように田んぼで遊びました。もちろん、田んぼまでは走っていきます。着くとすぐにパンツ一枚になって、ドボン！　すぐに飛び込める子もいれば、ちゅうちょしてしまう子もいます。しばらくはようすを見て、なかなか入ってこない子は、少々嫌がっても保育者がニコニコと手を引いて、田んぼのそばまで連れて行きます。そんな子も、ひと足踏み込んだ瞬間に迷いが吹っ切れて、ドロドロヌルヌル感を思う存分実感します。「ヨーイドン！」の合図とともに走ろうとしても、足は泥からなかなか抜けません。一人が転んだ拍子に顔や頭に泥がつくと、それを目掛けて泥ばくだんごっこがはじまり、いつの間にか子ども対保育者の対戦になってしまいます。

これをきっかけに、保育者も吹っ切れ、子どもに負けじとがんばります。やがてみんな泥まみれで、どこがパンツかわからないほどになると、泥ぶろにつかったり、リズムのカメをしたりと、もうドロドロの真っ黒を全身で楽しみます。

たっぷり泥遊びを堪能したあとは、用水路の水で簡単に体を洗い、着替えを済ませて帰り道につきます。畑のおばちゃんたちに、「まあまあ、よく遊んだだネ」と声をかけられながら。こうして一回目の田んぼ遊びを終えました。

あまりの楽しさに、子どもたちと何度も「また、遊びたいね」と言っていたのですが、地主さんの都合とこちら側の日程が合わず、「あ～残念！」を連発していました。そんな私たちを見かねた地主の大工さんが、「そんなに田んぼ、田んぼっていうんなら、保育園の庭に田んぼ作ってやらあ～」と感激の一言。「ほんと？」「かんたんだァー」とトントン拍子に話が進みました。

園庭に田んぼができるならと欲が出ました。毎年、畑の野菜作りは経験しているのですが米作りはやったことがありません。「田植えってどうなんだろう？　いつかやってみたいな」と常々思っていた私には、まさに天の助け、グットタイミングです。「難しいんじゃない」という周囲の慎重論も無視して、このチャンスを逃す手はあるものかと決心しました。

親切な大工さんは稲も分けてくれるといい、数日後、さっそくトラクターでやってきてくれました。ことはとんとん進んでいったのですが、実は「田植えはいいが、まさかお米にはならないだろうな」と心のどこかで思っていて、とにかく植えることに意義がある、と気ばかりが先走っていたのです。

田んぼはできることになったけれど、私自身稲作の経験はまったくありません。何をどうしていいかわからず、思いつくまま園長や他の職員に相談しました。願いは通じるもので、助け神は意外と身近にいたのです。それは園の裏に住んでいる、あいじろうじいちゃんでした。いつも子どもたちと挨拶を交わす、顔なじみのあいじろうさんは米作りの経験も豊富で、「へえ～、こんな所で田んぼするんかい」と言いつつ、一つひとつていねいに教えてくれました。あいじろうさんの「ここでもできるさ」のひと言で、私の心配は吹き飛び、こうなったら何が何でもお米を実らせるぞと、決意を新たに挑戦したのでした。

田んぼの左右に立てた棒にひもを張り、前後左右曲がらないように苗を植えていく作業では、「曲がったよ、よく見て」「やさしく植えて」と大騒ぎ。植えてからの水量管理も、田んぼの中に水を張ったままだと水温が上昇して腐ってしまうのではないかと、不安だらけでした。

その年は冷夏のせいか、カラッとする日も少なく、元気に育ってくれるかなおさら心配でした。ニュースでも稲の育ちが良くないことを伝えていたので、散歩の時、いつもは何の気なしに走り抜けていた田んぼのようすも気になり、つい、稲の大きさや、水の量などを自分たちの田んぼと比べていました。

田んぼを作り始めたころは、登降園のときにおおわし組以外のお母さんたちからも「ほんとうに田んぼにしたんだ」「お米ができるんかねぇ」と聞かれ、緑の苗が伸びるにつれては「大きくなったね」と声をかけられ、園に来る大人も子どもも稲の成長を気にかけ続けてくれました。

水やりも大変でした。水を入れるため、ホースを田んぼの縁に入れておいたのに、出しっぱなしだと思われ止められていたり、逆に止め忘れて水が田んぼを越えて流れ出したり。

稲の一部に白いのが見え、「ちょっと変だな」と思っていたときには、学童の子どもたちから「これ病気だよ、いもち病」と教えられました。無農薬にこだわりたかったので、百円均一のお店で霧吹きを買って、竹酢液の吹きつけを子どもたちとやってみたこともあります。稲と稲の間に入り、なるべく遠くに届くように手を伸ばして吹きつけました。なんとか大事な稲を助けてあげたい一心です。

そんな悪戦苦闘が続いた夏のある日、稲につぶつぶ（穂）がついているのに気づきました。でも子どもたちに最初に気づかせたいと思い、そのことは知らせずに、いつものように水の量を見てくるように伝えました。すると、見てきた子どもから「つぶつぶができているよ」の声。「エ、ウソッ、どこどこ」と他の子どもたちもかけより、「ほんとうだ」「中にお米が入っているんじゃないん！」と大騒ぎです。

その後も少しずつ稲は成長していき、いよいよ刈り取りの時期を迎えることになりました。田んぼには欠かせないスズメおどしのかかしと大目玉も作りました。

稲の束を左手で握り、右手の鎌でザクッと刈る。はじめは、刃物なので担任も子どもたちも緊張していましたが、ザクッというここちよい音、刈り取った稲束の手ごたえを感じ、繰り返し挑戦していく子どもたちの真剣な顔が印象的でした。稲束は少しずつ縛り、リヤカーに乗せます。小さな田んぼなので、稲束もそれほどでもないと思ったのに、想像以上に量があって荷台がいっぱいになるほどでした。竹の棒で干す場所を作ろうとも考えたのですが、ちょうどよい場所があることに気付き、園庭南側のフェンスにかけることにしました。、雨に備えてブルーシートを用意しました。

、稲刈りも終え、バスで遠足に出かけた時のことです。窓越しに見える田んぼに稲が干してあるのを見つけ、「あー同じだ」と叫ぶ子どもたち。自分たちのものと比べながら楽しんでいるようでした。

いよいよ脱穀の時期が来ました。園によく来てくれるカメラマンのおじさんが作ってくれた千羽穀と、知りあいから借りた脱穀機を使います。足ふみ脱穀機の自分の体（手と足）がバラバラになっているような感じや、千羽穀のガリガリという実のとれる音は、「おもしろ〜い」の一言。クセになりそうでした。殻を息で吹き飛ばすコツをつかむのは、子どもたちには少々難しかったよう。ほうぼうに飛び散った粒をいっしょうけんめい拾い集める子どもたち。エライなあと感心してしまうほど、一つひとつに集中していました。「こういうときに小石とかが入っちゃうんだよ」というカメラマンのおじさんの一言で、「あった、あった」と籾（もみ）の中から小石を見つけだすのです。

脱穀が終わって、フェンスにずらりと並んでいたたくさんの束からとれた量といえば、なんと八キロ弱！　みんなでおにぎり食べられるかな？　おおわし組だけでなく他のクラスのみんなも期待してくれているのに…、ちょっとたりないかもという量です。

脱穀の次は、籾すり（籾殻取り）です。はじめから、できるだけ手作業にこだわろうと思っていたので、どんなふうにしたら籾殻がとれるのかいろいろ調べてみました。米作りは、昔からの文化の体験ですが、やはりここは文明を頼るしかありません。インターネットで探し、「すり鉢と野球ボールで籾殻を取る方法」を見つけました。すり鉢に適量の籾を入れ、ボールでこすりながら回すとけっこういいぐあいに殻が取れていくそうです。

早速グループごとに籾殻取りの始まりです。子どもたちは殻が取れる喜びより、ボールやすり鉢を使うことが楽しいようです。順番を決めていたはずなのに、すぐにケンカが始まってしまうグループもありましたが、子どもたちは「二十回ずつね」とか「百回ね」など回数を決めてやっていました。回数を重ねていくうちに子どもなりにコツを覚え、なかなかの出来栄えです。八キロ弱の籾殻取りはほんとうに地道な作業で、時間もかかりました。十一月に脱穀して、籾殻取りを始められたのは二月。

子どもたちはこれから卒園に向けて忙しくなっていたのですが、子どもたちなりに時間を見つけて、籾殻取りをしてくれました。

玄米になったのは七キロほど。次は精米です。こればかりは機械を頼りました。リヤカーに玄米を乗せ、保育園の近くにある精米所に行き精米開始。所狭しと子どもたちがその小屋に入り込んで、保育者がする一つひとつの作業に見入ります。機械のガァーという音に、「スゲエー」と歓声があがり、白くなったお米をためる容器の足ペダルを踏むのも取り合うほど。お米はまたまた減って六キロちょっと。早く食べたいねェとみんな口々に言い合います。

そしてとうとう、おにぎりを作れる日がやってきました。他のクラスのみんなにもお米をおすそ分けし、おおわしの分だけは園庭でお釜で炊きます。生品神社にまき拾いに出かけ、かまどの火つけは園長が担当してくれます。「はやくできないかなァー」と、今か今かと待つことしばし。「できたよオー」と園長の声が聞こえてきました。「ヤッタネ!」。

おにぎりにする前に楽しいのがつまみぐいです。あつあつを手のひらにのせ、フーフーしながらパクリ。「うめえー」「あまーい」「もっともっと」の大合唱でしたが、おにぎりが作れなくなるからということで、つまみぐいは終了。いよいよおにぎり作りに取りかかります。おにぎりの中味は梅干し。収穫した時におにぎりにと作っておいたものです。ラップの上にごはんと梅干しをのせてまるめれば、ちょっぴりおこげのまじった梅干し入りおにぎりの完成。もちろん形もさまざまです。子どもたちは生まれて初めて口にするかのような勢いで食べ始めました。すごーくおいしかったのは言うまでもありません。苦労して作った者だからこそわかるおいしさです。

●リズム——れんやくんのスキップについて

東毛地区では、月に一回、風の子保育園で保母学校があります。保母学校では、丸山亜季先生のピアノにあわせて、リズムをしたり、歌ったりします。亜季先生のピアノは、私たち保育者に歌のイメージを豊かに伝えてくれるので、自分なりの動きがでてきたり、気持ちが自由に開けてくると、とても楽しいものになっていきます。体の発達を考えながら音楽の楽しさを子どもたちに伝えたいと思い、生品でもリズムを取り入れてきました。

子どもたちは親しみのある動物や、見たり聞いたり触れたりしたことのある物を模倣して、走ったり、止まったり、跳んだり、這ったり、舞ったりするリズムが大好きです。日々の散歩や遊びのなかでも自然にトンボで走ったり、ウサギで跳ねたりと生活の一部としてリズムがとけこんでいます。

0、一、二歳児は週二回くらいの割合でホールに集まり、ピアノに合わせてリズムをします。はじめ子どもたちは、音に合わせて体をのびのびと動かすことがとにかく楽しくて仕方がないという感じですが、徐々に「〜しながら〜をする」（ケンケンやウサギ跳びなど）という二つの行為を自分の意志で一つにまとめることができるようになり、友達と自分を比較して、「〜ちゃんのようにやりたい。自分だってできる」という意欲が芽生えてきます。

幼児クラスも週に一回、ホールでリズムを行っています。三、四歳児は年長児の動きにあこがれ、やがて天井に吸い寄せられているようなカメを生み、小さな手足を思い切り踏ん張って、自らの重さに真っ赤になりながら挑戦してゆくブリッジを生み、力強い荒馬を生み、何とも心地よくくるりくるりと回転する側転も見られるようになってきます。

リズムの中にスキップがあります。スキップは三歳児後半ごろになると、ほとんどの子がピアノに合わせてできるようになりますが、運動神経は良くてもタイミングがつかめないと、なかなかできない子もいます。れんやくんもその一人でした。ゴムまりのような体を持っている子です。たとえば、カエルのリズムは普通、両手をついて両足をあげて前に進んでいくのですが、れんやくんは両手両足をついて、その四つんばいのままジャンプができます。まるでゴムがはねているような感じです。ジャンプ力もあり、走るのも速いのですが、ピアノに合わせて動くことは苦手なのです。できないのを見られるのが嫌なのか、スキップはリズムの時間だけしかやろうとしません。ですから、スキップの時は、ようすを見ながら保育者がそばについていっしょにステップを踏んでやることもありました。

そんなことを続けていくうちに、運動会前になりました。ある日、遊戯室で年長組の週一度のリズムの時間になり、自分の番になったれんやくんは、いつものように椅子から立ち上がりました。進み始めると、きちんとスキップができているではありませんか。自分でも驚いたように、「あれっ！」と言ったあと、顔中をくしゃくしゃにしながら遊戯室を一周していきました。それからは、「ぼくのスキップを見て」と言わんばかりに、部屋でも外でも暇さえあればスキップをしていました。そんな姿を見ている私のほうも、思わずスキップをしたいほどでした。クラスの友達からはもちろん、他のクラスの保育者からも「じょうずだね」「もう一度やって見せて」などと声をかけてもらいとても嬉しそうです。

運動会も終わり、卒園式を意識するようになる時期には、スキップ縄跳びにも取り組みます。れんやくんは、走り縄跳びはとても速く走れていましたが、やはりスキップ縄跳びは一回も跳べないのです。スキップのときのように、できるまではかなり時間がかかるのだろうなと思っていました。ところが、今回は友達といっしょにやりたいという気持ちを強く感じているようです。それに、自分もスキップができたという確信を持っているからでしょう、取り組みの意欲が違っていました。

昼食を食べ終わるとすぐに、縄跳びを持ってリズム室や庭に出て練習しています。友達がやっているのを見て、タイミングをとろうとする姿も見えました。他の子がスクーターで遊んでいても、そんなことには目もくれず、毎日、朝も昼も夕方も練習です。片手だけに縄跳びを持ってスキップをやってから、両手に持ってやってみたりと工夫もしています。やっている時は、必ず、保育者がそばで「縄跳びの歌（リズムのスキップで使う歌）」を口ピアノで歌いました。ほんとうは自分で歌えるのがいいのですが、なかなかそんな余裕は出てきません。寒い日でも、縄跳びをしているれんやくんの額からは汗が出てきます。歌っている保育者のほうも、声が嗄れて口の中はカラカラに渇いてきてしまいます。

その繰り返しを何十回、何百回した時でしょうか。ある日、またあの時のように、スッと一回跳べたのです。れんやくんは、「跳べた！　前足（右足）にぶつかんなかった」と大喜びです。「すごいね。急に跳べたね」と声をかけると、「跳ぶ前さ、ピョンって跳んでからしたんで、跳べたんみてぇ」と説明してくれました。この跳び方は、何日か前に、やはり二、三回跳ぶと止まってしまうりきくんが教えてくれたやり方です。りきくんはまだうまく跳ぶタイミングがつかめなく、そのつど保育者に「跳ぶところが違うよ」と言われていたのです。しかし、ピョンと跳んで始めたらタイミングがつかめ庭を一周しても止まりませんでした。その経験をれんやくんにぼそっと教えてくれたそうです。れんやくんの他にも、このやり方でできるようになった子が何人かいました。卒園式では、みごとに全員の子がスキップ縄跳びをすることができました。途中、引っかかって止まるところがあっても、練習によって得た自信で、すぐに気持ちを立て直し続けることができました。れんやくんもスキップはもちろん、他のリズムもピアノを聴いて動くと気持ちがいいということを体で感じてくれたに違いありません。

●たくみくんの竹馬挑戦

卒園式では、今までに積み重ねてきたものを体で表現します。おおわし組になると、あんなことができるんだと、つばめ組（四歳児クラス）さんにあこがれの的で見られながら、希望を託して卒園していきます。

竹馬も卒園式で披露するもののひとつです。うまく乗るにはバランス感覚がとても重要ですが、一歩踏み出すのが大変で、だいたいは一歩出られればよし歩けるぞと感じられます。はじめて乗る子どもたちには、竹の細さ、軽さ、長さという三つの要素がとても重要になります。卒園式では、竹馬に乗って、歩くことはもちろん、リズムをしたりケンケンをしたりするのですが、今年はこの三つがとてもよくかみあって出来あがり、ほとんどの子がすぐに一歩が出て、乗れるようになりました。

二人ほど、風邪のために何日か休んでしまい、みんなより始めるのが一週間くらい遅れた子がいました。そのひとり萩原たくみくんは、具合がよくなり登園してみると、もうみんなが歩き始めているので、とても驚いているようでした。

たくみくんは自分の気持ちをコントロールするのが少し苦手で、気に入らないことがあると怒りだし、友達とケンカをしてしまうことがよくあります。そんなたくみくんが竹馬を始めてみると、なかなか自分の思い通りになりません。壁にもたれて竹馬に乗り、そこから一歩を踏み出すのですが、何回やってもできないのです。すると、竹馬の一本を地面に叩きつけて、「こんなのヤダ！　できない。やらない！」と大声で叫んでしまいます。こうなると、声をかけても八つ当たりするだけなので、だれも声をかけません。私はそばに行って、おもわず「なんで投げるの！　投げるのなら、乗らなくていい！」と声を荒げてしまいました。

この竹馬は十一月の保育参観の時、お父さんやお母さんが作ってくれたものです。足は太めの針金で巻きつけるのですが、なかなか簡単にはできず親子で一生懸命になって作ったのです。やっと作り終えると、どの親も竹を押さえて我が子に乗り方を教えています。なかには、保育者が「低そうだと思っても、一段目の節につけて下さい」と言っても、二段目の節につけてしまう方もいます。もちろん子どもたちは乗れませんし、そんな親心がかえって負担になってしまいますが、早く高いのに乗れるようになってほしいという親心でしょう。

たくみくんのお父さんもたくみくんの足を気遣いながら、一生懸命作っていた一人でした。だから、余計に乗れないからといって、庭に竹馬を叩きつける行為に腹が立ちました。「乗らなくていい！」と強い口調で言うと、「乗る、乗りたい、もう投げない」と言って再び乗り出すのですが、また叩きつけてしまいます。何回言ってもこんなことの繰り返しでした。そんなことをしていても決して乗れるようにならないとわかるまでにはもう少し時間が必要だろうと思い、「竹馬を投げると、ヒビが入っちゃうよ。少し休んだほうがいいよ」と、落ち着くのを待つことにしました。叩きつけられた竹馬は、たくみくんから少し離れた所に立て掛けておきました。

もう一人、始めるのが遅くなった島田かなちゃんもなかなか一歩が出せなくて、今まさに泣き出そうとしているところでした。しかし、泣いてどうなるものでもなく、回数を重ねなければはじめの一歩は出ないことを自分で感じてほしいと思いました。そこで少しできはじめた子に「かなちゃんのそばでいっしょにやってあげて」と言うと、快く引き受けてくれました。しかし、かなちゃんは足が痛いと泣き出してしまい、自分から乗りたいという気持ちになるまでは時間がかかるなあと思いました。たくみくんは、やる気はあったので、怒り出すことは何十回となくありましたが、五日目くらいで一歩が出ました。大声で、「できたよ」と教えてくれ、勢いで五歩くらい出ると、もう簡単に怒り出すことはなくなってきました。

竹馬の練習をするとき、保育園で歌っている歌（たとえば『荒熊親分の歌』や『桜三月』など）を保育者が口ずさんで、それに合わせて一歩ずつ進んでいくと、一、二、三、四と歩数を数えるよりも、不思議と歩けるようになっていきます。子どもたちは、♪あらくまやー♪で落ちても、すぐに乗り直して♪あらくまやーまをおりてきた♪まで続けられると、「〝♪おりてきた〟まで歩けたよ」と声をはずませて教えてくれます。この歌が一曲終わるころには、もう自信もついて、「二段にして」と竹馬を持ってきます。十分、外で歩いたり、飛び降りをして乗りなれてくるようになると、リズム室で竹馬によるリズムとケンケンに挑戦していきます。

ここでも、たくみくんは何回も練習しましたが、なかなかバランスがとれません。しかし、今度は怒り出したりせず、自分のペースで繰り返し練習をしています。足の親指と人差し指にはマメができ、皮がむけてしまい、そこに自分で傷バンテープを貼って、「これでよし!」と、ひとりごとを言ってまた練習をしています。何回も貼りなおして、マメが少し固くなり始めたころ、サッと右肩に竹馬を乗せ左の足だけでケンケンができました。ここから今度は右肩に乗せた竹馬を足に戻さなければなりません。もう何人か、この動きができる子がいます。その子たちのやり方を、じいっと見ていて、次に自分でやってみるようになってきました。そして、まだケンケンができていない友達にはアドバイスをしたりする姿も見られました。卒園式当日は、自信に満ち溢れた表情で、『かかし』の曲にのって、二回もケンケンができました。

かなちゃんは泣くこともなくなり、なぜ自分がなぜできないのか、周りのできる友達を見ながら練習に取り組むようになってきました。卒園式での竹馬のリズムでは、歩く、走るのはまずまずでしたが、ケンケンをやるときは保育者に手をそえてもらってやり終えました。もう一人、ケンケンのとき手をそえてもらった子がいました。空くんです。小柄で運動面ではどれもが課題になってしまう子でした。しかし両親の励ましと本人のコツコツやる努力で、ほとんどのことを友達と同じようにやりとげてきました。卒園式の時のかなちゃんと空くんはケンケンをして、戻しができたという気持ちが大きくて、ホッとした表情になっていたようです。

竹馬が終わり、次の出番を待っているとき、たくみくんが空くんに、「ケンケンやったねぇ。すごいじゃん」と、乗り始めのころの彼には考えられないような言葉をかけていました。空くんは、「うん」とうなずいていたのですが、私は驚くとともに、たくみくんがちょっぴり大きくなったように思えました。自分で大変な思いをしながら一つの事を獲得した後は、気持ちにも変化が出てくるのでしょう。できなくて大変な思いをしている友達のことを自然に励ますようになり、できたときには素直に喜んであげられるようになってきたようです。

●ももちゃんの荒馬踊り

中度の障害を持つももちゃんは三歳のとき保育園へ来ました。表情が固く、感情を表に出しませんでしたが、興味を持ったことや場所にはどんな状況にもかかわらず、すばやく反応してしまい、いまここにいたはずがもうあんな所に、というように目が離せません。初めての集団、そして家庭から離れ、広い空間での生活に自分の落ち着ける場所を探しているかのようでした。

この年の子どもたちはほぼ半数が新入園児で、年度初めの数ヶ月はそれはもう大変なことになっていた、という記憶が鮮明に残っています。女の子がとにかく強く、めんどうみのよいお姉さん肌の子がそろっていました。最初は、小柄な体型で言葉を話さないももちゃんと、赤ん坊に接するように大事に遊んでいましたが、保育園を卒園するまでの三年間、たくさんの生活をともに過ごし、越えなければならない成長の節目節目をみんなで越えるなかで、ももちゃんを同じ仲間とし、ももちゃん自身に力のあることをちゃんと感じてくれるようになりました。

元気で力強さがあり、何に対しても興味を持って飛びついてくる二十八名ですが、反面、緻密な活動はちょっと苦手なところもありました。このクラスが年長になり一年を通して夢中になったものが荒馬踊りでした。子どもたちに本物を触れさせたいという願いとともに、すぐれた文化を子どもたちに伝えていくために、伝統芸能を保育のなかに取り入れていますが、何より〝楽しいこと〟が子どもたちを夢中にさせてきました。「ラッセラー、ラッセラー」の掛け声だけで踊り手と、観る側の心が一つになり、その場にいる人たちみんな楽しくなれるのが荒馬踊りの魅力です。この荒馬踊りが子どもたちにどれだけの壁になったのか、そして、子どもたちをどれだけ成長させたか。園創立二十周年記念行事の中で、（荒馬座の前座として）町の文化ホールの舞台に立つことになった子どもたちは今までにない緊張感を味わいました。

ももちゃんにはクラスの友達のなかでも、特に気持ちの合う子、一目置いている子が何人かいたようです。そしてそれは、当の本人たちもよくわかっているようで、私たちから見てもよく目を配ってくれていました。むっちゃんもその一人です。

むっちゃんは一見控えめで物静かに見えますか、じつはしっかり者で面倒見が良く、芯の強い子です。今回荒馬踊りでももちゃんの前になりました。むっちゃんは持ち前の責任感ゆえにももちゃんの気持ちののらないことが許せません。「ももー、こっち」「ももー、早く！」最初は余裕がありましたが、日が経ち、何度も練習を繰り返すうちに表情が堅くなり、ももちゃんに対しての声の掛け方がきつくなってきました。〈ももちゃんは自分の後ろについてこなくちゃダメなんだよ〉〈同じチームなんだ〉焦るむっちゃんの想いが伝わってきます。前を向いて、自分の踊りに専念すればこんなふうに思わなくてもいいのに、それをしないむっちゃんはすごい。手を抜かないのではなく、抜けないのが〝子ども〟なのだと思いました。

でもこの思いはすぐにクラスの仲間たちも気づきました。踊っている最中もすれ違う瞬間に、「前行くよ」「走るよ」「次だよ」と声をかけあいます。「ももー！」と根気強く呼び続けたむっちゃんの声のおかげで、自分たちの踊りを大事にしたいという想いと、ももちゃんもクラスの仲間であり、いっしょに踊るんだという強い想いが、みんなの中に大きく膨らんできました。

●卒園式を終えて

保育園生活最後の月。四歳児といっしょに〈リズム・うた〉〈竹馬〉〈荒馬踊り〉〈竹踊り〉、時には〈劇遊び〉などを一人ひとり精一杯取り組んで卒園して行きます。卒園式に初めてケンケンができた子、プレッシャーでいつもはできていた竹踊りがうまくいかなかった子……、担任はじめ職員最後までひやひや通し一日です。けれど、たくさんの大人のあたたかい拍手の中で、子どもたちは勇気づけられ、ほめられ、みんな喜びに満ちて卒園していきます。

新しい世界を知ることは、大人にとっても子どもにとっても、大きな喜びです。スケールの大きなもの、本物の世界などに接して感動するものです。そんな感動を子どもたちと共有したくて、一年間、新しい世界を求めて生活してきました。ここまで書いてきたいくつかのことの他にも子どもたちと共感できたことがいくつもありました。おおわしのみんな、ありがとうね。これからも、また多くの感動を生品保育園の子どもたちと感じあえればいいなと思っています。

おおわし組の子どもたち、学校に通うようになっても、大人になっても自分たちで新しい世界を求め、切り拓いていってください！ そして、おだやかに、そして大きくはばたいてください！

園庭で米を作り おむすびを食べる

とまれ

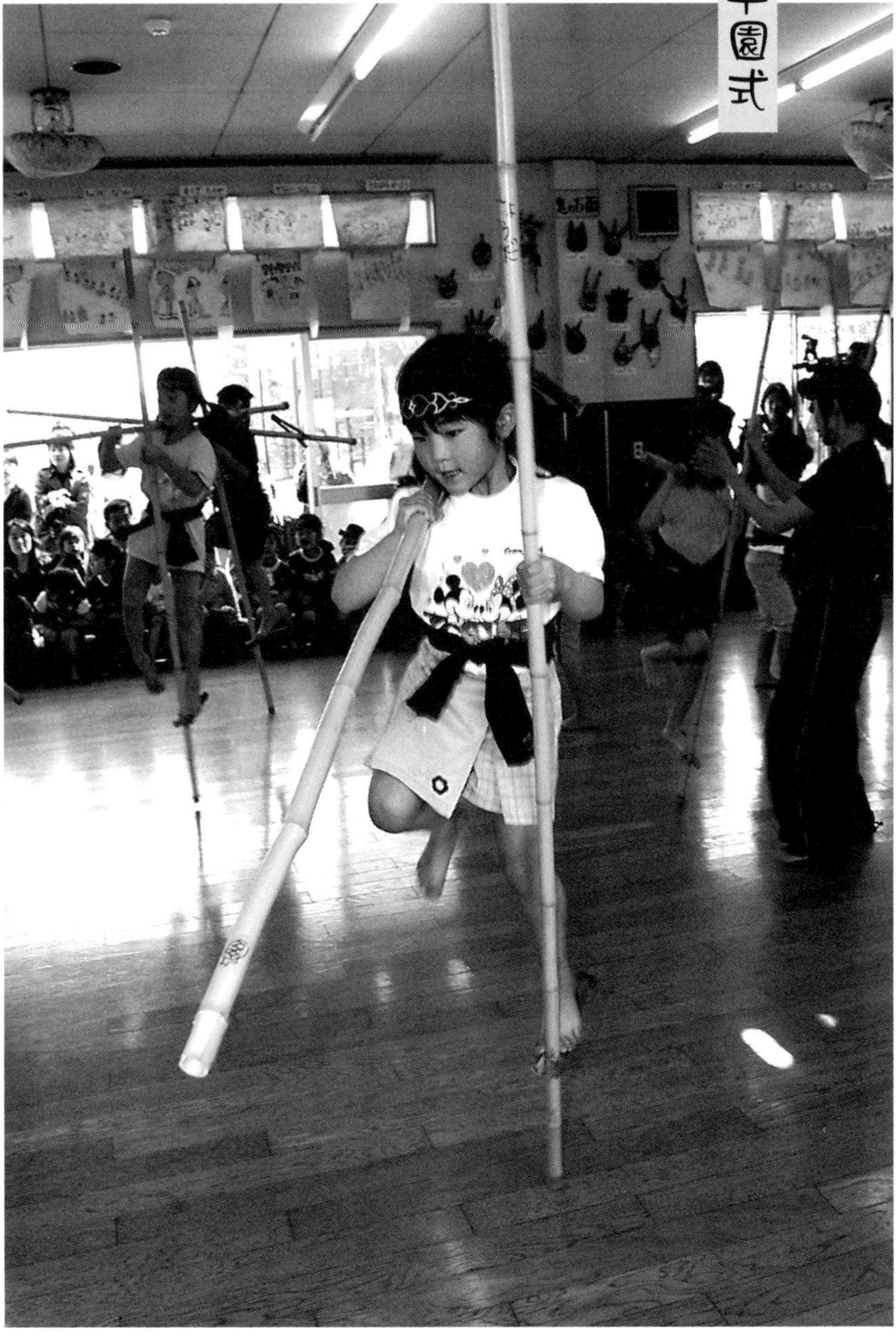

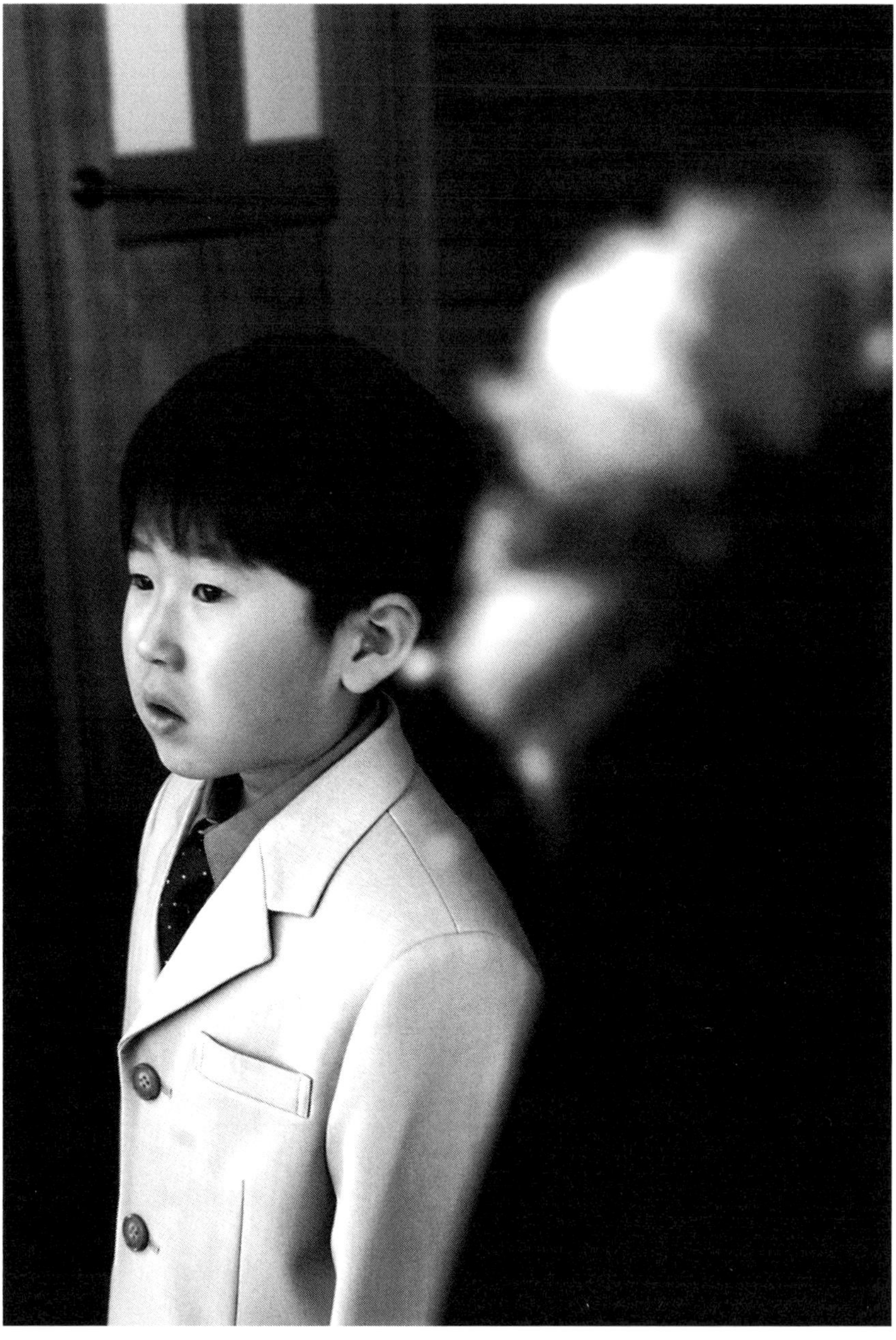

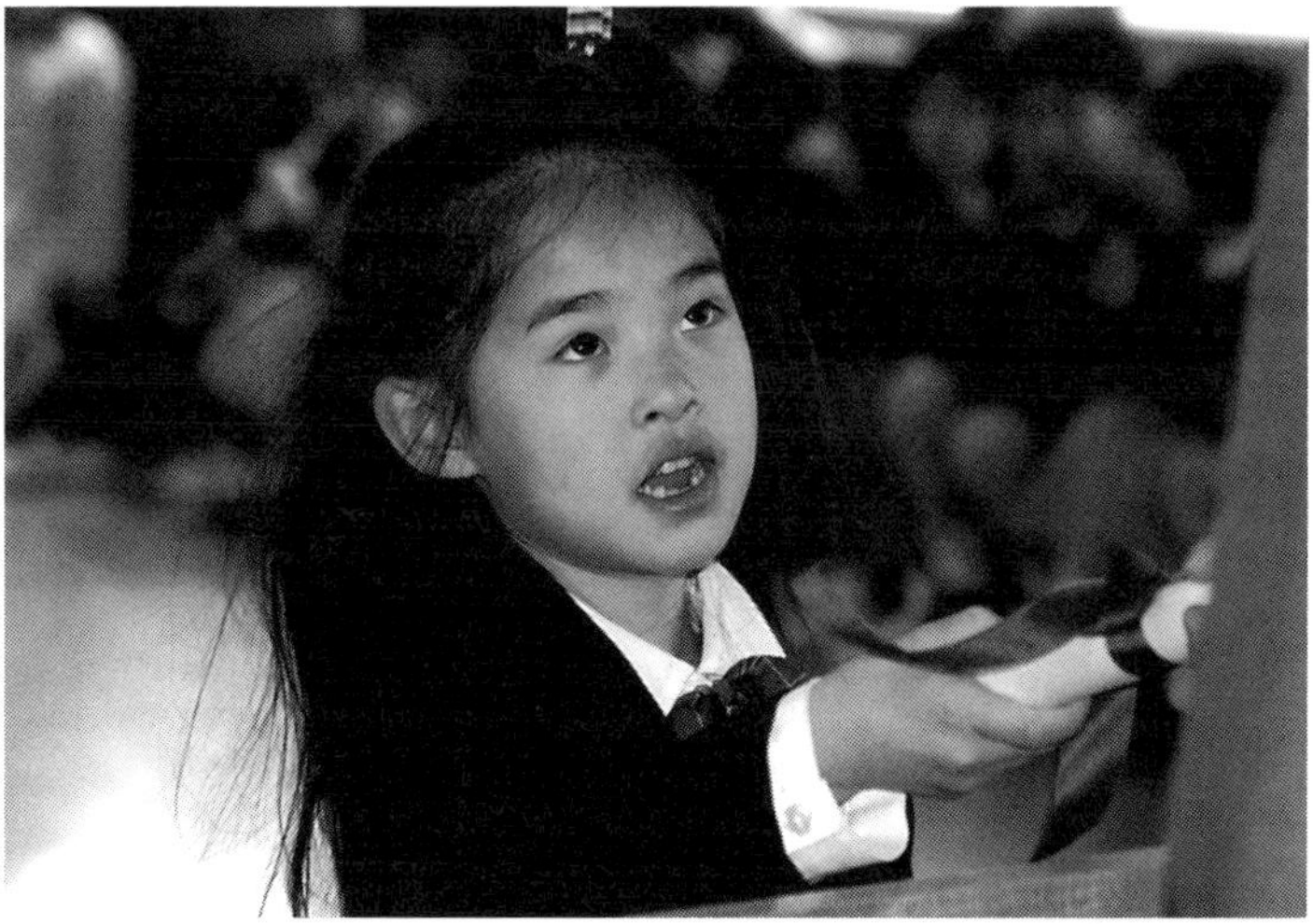

第Ⅲ章

食事について

本物の味を獲得できる給食

私たち生品保育園では、〝本物の味が獲得できる給食〟をめざしています。行事食、伝統食をはじめ、旬の食材の味を大切にし、おいしく食べられるように毎日考えながら、手作りを基本にして、化学調味料は使わず天然だし（イワシの煮干し）で、お米は七分づき、砂糖も三温糖を使用しています。とくに旬の味を子どもたちに知ってもらいたいので、メニューには旬の物を豊富に取り入れています。

●芽吹きの春、まずは旬の野菜の味を

春になると気温も上がり、いっきに新しい芽や花がでてきます。菜の花、よもぎ、つくし、ふき、たけのこ、アスパラガスと。菜の花は苦味もありますが、ホウレン草などと混ぜてゴマ和えにすると、

ゴマの風味で苦味もごまかせます。たけのこがでてくる時期には、子どもたちがたけのこ採りに行き、給食室に持ってきて、「食べられるようにしてー！」とか、「給食に入れてね」など、自分たちで採ってきたんだぞといわんばかりの勢いです。私たちもいっぱい子どもたちに食べさせてあげたいという気持ちで、まずは旬のたけのこを味わってもらうため薄味で煮物にします。その他にもたけのこごはん、汁物や炒め物に。なかでもマーボーたけのこが子どもたちには人気です。

先日、おやつに春巻き揚げをしたのですが、具に旬の野菜を入れたいなと思い、アスパラガスを入れてみました。中身はほかに、ハムとチーズです。子どもの大好きな春巻き、おやつを取りに来て春巻きを見るなり、「いつもとちがうー！」「黒いすじが入ってるー！」「これなーに？」などの声が。「中身はひみつ、食べてわかったら給食室に教えに来てね」と言って、自分たちの食べ物に興味を持たせます。

六月には地域の人に梅の実をもらい、梅ジュースや梅干作りをします。これは子どもたちだけでなく、先生たちにも郷土料理を知る一つの機会になります。すぐに口にすることができないぶん、子どもたちには出来上がりがとても待ち遠しいようです。

●夏、なぜかおいしい自分で育てた生野菜

夏になると、大きいクラスの子どもたちが畑で作った野菜がとれるようになります。トマトやピーマン、ナス、枝豆、きゅうりなど。こうしてとれた野菜には、自分たちで育てたものという自覚と喜びが高まり、ふだんは好きでない野菜なのに、その場でかじりついてみたりして、その取立ての味、

旬の味を知り、「ほんとうはこんなにおいしんだー」と気づく子もいます。自分で作ったことで、不思議と嫌いな物が少しでも食べられるようになったり、好きになったりする子どもも出てきます。ナスなどは薄くスライスして塩もみしただけなのに、平気で食べてしまうのです。

子どもたちは特に夏野菜が苦手という子が多いようです。ピーマン、トマト、ナス、いんげんなどが代表格です。でもやっぱり旬の味を大切にしたいので献立には盛りだくさんです。おやつの焼き菓子のスコーンの中にピーマンをチーズといっしょに入れればより食べやすくなります。焼きそばの中のピーマンは好評で、嫌いだけど食べられるという子が意外といます。

トマトやきゅうりは、お昼ごはんのサラダにはもちろん、おやつにもそのまま出します。みそや塩をつけたきゅうりは、夏の暑い日にはもってこいのメニューです。その他、地域でとれたかぼちゃなどもよくいただいたりしますが、あきないようにいろいろな調理法を考えながら、おまんじゅうや蒸しパン、白玉だんごにします。だんごの黄色い色がとてもよくでて、子どもたちの「きれい」の声が響きわたります。かぼちゃのおやつでふと思いついて作ったのが〝大学芋〟ならぬ〝大学かぼちゃ〟です。両方ともほくほくで甘さもあるし、芋をかぼちゃにしたらきっとおいしいだろうなと思って、メニューに入れてだしました。子どもたちの評判は上々です。それからは冬は大学芋、夏は大学かぼちゃと季節で変えて出しています。

待ちに待った梅ジュースも完成しました。なかには忘れかけていた子もいましたが、自分たちで作ったということで、殊の外おいしく感じられたようです。

●秋、ほんとに重宝する大好物お芋

秋は食欲の秋、収穫の秋です。お月見やさつま芋掘り、にんじん、栗などおいしいものがいっぱいです。きのこの嫌いな子には悪いのですが、毎日のようにきのこは献立の材料にのります。

さつま芋もお昼やおやつのメニューによくだします。これも毎年子どもたちが畑に掘りに行きますが、欲張りな子は大きいのを、なかには小さくてかわいいのがいいという子もいて、園に持ち帰ってくる大きさはさまざまです。甘く煮たり、しょっぱくしたり、汁物や天ぷら、芋ごはんなどたくさんの調理法があります。カレーにも入れますが、見つけづらいけどだれかが、「さつま芋が入っているー！」と言うと、「ぼくもー」の声があちこちからあがります。なかには「ぼくのは入ってない！」なんてちょっとくやしがる子もいて、ほんとうに子どもたちはさつま芋が大好きです。おかずにはもちろんですが、おやつとして蒸かしてつぶし、あんこをまぜて茶巾にしたり、スイートポテトや大学芋、蒸しパン、白玉とまぜてお芋だんごなどいろいろ使えてほんとうにさつま芋は重宝します。

●冬、食べものへの興味を持って、楽しく食べる

冬になると、大根、里芋、ほうれんそう、ごぼう、れんこんなどの根菜類とともに、魚も脂がのってとてもおいしくなります。寒い季節なので温野菜などで食べる機会が多くなります。ふだんと違う里芋の食べ方はないかなと考え、好評だったさつま芋にヒントをえてある日、カレーに入れてみました。これも意外とカレーと合うので大人には好評でしたが、少し粘り気があるので嫌いな子もいたよ

うでした。シンプルにふかしてかつおふりかけをかけるだけのおやつは意外とおいしく人気でした。

食材一つひとつの味も覚えてほしいのですが、旬の食材を取り入れることにより、毎日同じにならないようにいろいろな形で、食べ物を体験させてあげたいなと思っています。ポテトフライだと思って食べたら里芋だった。甘いホットケーキを想像して食べたらねぎやハムが入っていて洋風なお好み焼きの感じと、いろいろな感想や反応を聞くのが楽しみです。子どもと中身のあてっこをしたり。こんなことをしながら、ただ食べるのではなく、少しでも中に何が入っているのかなと興味を持ちながら食べてほしいのです。

私たちが考えている給食は、マナーはもちろん、食べ物のほんとうの味（旬のおいしさ）を知ってもらい、少しでも嫌いな物を好きに傾けさせてあげたいということです。そして、食べ物を豊かに組み合わせ、子どもたちに食べ物への興味を持たせ、楽しく食べられるようになればと思っています。それにはやっぱり手作りが一番です。生品の「食は文化」の合言葉の元、保育士との連携を密にし、給食室も大事な保育の仕事に携わっているのだと思っています。家庭での食育が難しくなっている現代社会の中で「給食」は日本の食文化を伝えるためにも、ずっと続けられなければいけないと思います。

そして小さいうちにたくさんの食べ物を体験させ、健康で丈夫な体で大きくなってほしいと思っています。

●保育としての給食

散歩からの帰り道は、給食室から漂ってくるにおいに誘われて足取りも早くなります。給食室の裏を通りながら「ただいまー、おなかすいたー、今日はお魚なの……」と臭いでメニューを当てることもあります。すると給食室からは「お帰りなさい。そのとおり。いわしの蒲焼だよ」と返事が返ってきます。ひばりともなれば手を洗って配膳テーブルを出し、給食室に「いただいてきます」と給食を取りに行きます。給食室の入り口で、「どうぞ」と声をかけてもらい、子どもたちが持てるものを渡してくれます。毎日の事なのに、まだ手を洗わずに取りに行ってしまうこともたまにはありますが、そんな時は「あれ？　手洗ってないんじゃない。洗ってから来てね」とめぐちゃん（栄養士）や橋田さん（調理師）が声をかけてくれます。

配膳をしながら、ごはん茶碗や汁碗の置き方を伝えていきます。三歳後半頃からスプーンからお箸に切り替えていきますが、お箸の扱い方や、箸を持って走らない、人の方に向けない、箸でテーブルや茶碗をつつかないなどのマナーを、その都度伝えていきます。配膳が終わり、子どもたちに「今日の給食は何ですか?」と問うと、「ごはん、おつゆ、大根、お魚、ワカメ」と見知っている物の名前が返ってきます。「そうだね、ごはんとおつゆの中身は、ワカメとエノキ茸とたまごだね。サワラっていうお魚と、煮物にはたけのこが入っているね」「たけのこはおおわしさんと一緒に掘ってきたやつ?」（ここ何年か生品保育園ではつばめ組とおおわし組の園児が、たけのこ掘りに行くことが恒例になっていて、たけのこという食材への興味がとても大きいのです）「それではいただきます」と挨拶をして食べ始めます。

楽しく、おいしく、満足できる食事を基本に、マナー（茶碗やはしの扱い方、持ち方、配膳の仕方、姿勢、口の中に入っている時に話をしないなど）や、食材や行事食（節分、節句、十五夜など）など食文化も伝えていくように努めています。いつもと違うメニューだと感じると「何で今日のごはんはこういうん？」と聞かれます。「何でだろうね。めぐちゃんに聞いてきて」と言うと、連れだってめぐちゃんの所に押し寄せます。また、めぐちゃんが配膳中に「ご飯足りていますか？」と訪室してくれることもあります。いつだったか子どもたちと配膳中、子ども同士でぶつかりあって、汁を五杯もこぼしてしまったことがありました。「どうしたん。何で今日はこんなにこぼしちゃうんだろうねえ⁉」なんていう担任の声は耳にも入らない大騒ぎの日、廊下を通っためぐちゃんに担任が声をかけ、「めぐちゃん。今日はね」とお昼のときのことを説明しました。めぐちゃんを気にしてチラチラ見ている子どもたち。「みんなにおいしく食べてもらおうと思ってつくったのに、何で？」というめぐちゃんの一言で、部屋は静まり返り、気持ちが配膳に向いてくれました。めぐちゃんの一言はこどもにとってとても重みがあるのです。

嫌いな食材も少しずつ食べられるようにと関わっていますが、それよりも大事にしていることは自分の意志が伝えられるということです。大盛りにして、お魚は半分、漬物はいっぱい、サラダは少しがいいなど、大人もそうですがいつも同じに食べられるわけではありません。最初は小盛りでも、完食しておかわりができることを楽しみにしている子もいます。おかわりは自分でよそえるので、おかわりが食べ終えた時の満足度は大きいのです。その満足感と保育者のことばかけが自信につながり、他の活動も充実してくるということも多々あります。

また、いつもは食べられるのに、途中で食べられなくなってしまった時や、お茶碗を壊してしまった時などは、悔しかったり、悲しかったりして心が萎んでしまうわけですが、「今日は食べられなくなっちゃった。ごめんなさい」「落としてお茶碗割っちゃった。今度気をつけるから別のお茶碗下さい」ってめぐちゃんの所へ言っておいでと促します。トボトボと歩いていくこどもに気取られないように、保育士が先回りして給食室に状況を伝えに走ったりして。「残念だな。この次は食べられるようにね」「大事にしてね。明日新しいお茶碗用意しておくね」と言ってもらって、安心した様子で部屋に戻ってきます。給食室と保育現場がお互いの意志を伝え合いながら子どもに関わっています。

食べる

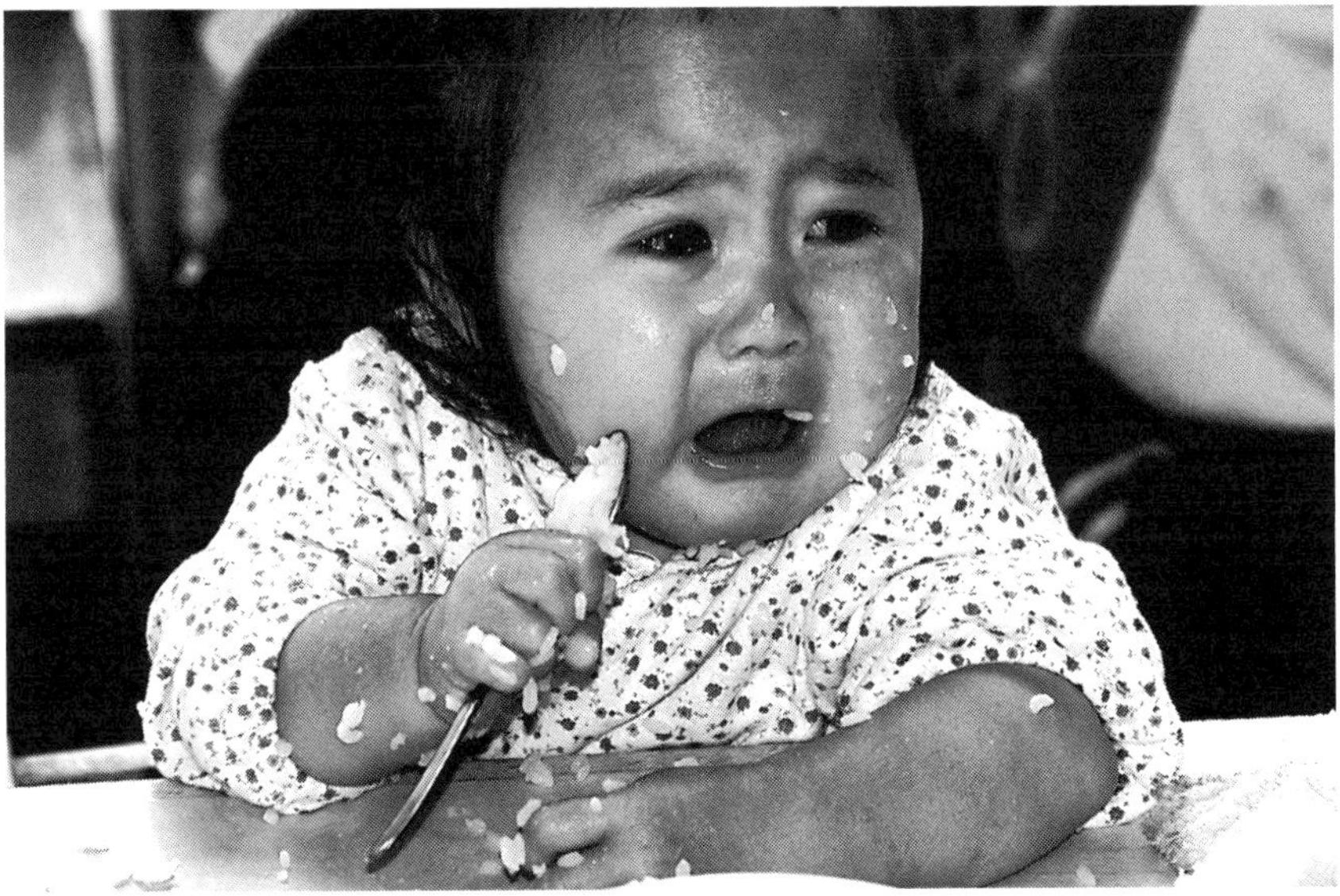

作ってたべる
「蕎麦打ち入門」

つけ

素材にこだわった、豊か

第Ⅳ章

親との協同でつくる生品の保育

子育てにロマンがもてるように

生品保育園には保育者も含めた全職員のなかに保護者として園にかかわって後に職員として園に務めるようになった方が四人もいます。みなさん、元々保育者になろうとしていたわけではなく、子どもを預け生品の保育に触れるなか、園で働きたいと思うようになりました。また、園長をはじめ保育者も自分の子どもを生品に預けることは住んでいる所などの条件さえあれば当たり前のことと思っています。親の目からみてどうして生品は魅力的な保育園なのでしょうか。そこに生品の保育のもうひとつの特徴があります。この章ではそうした親との協同作業により営まれている生品の保育について、直接親の方から明らかにしてもらうことにします。

●親の目、親の耳、親の口

「近年、目に見えて増えてきているように感じる子どもによる凶悪犯罪・異常行動。悲劇が起こるたびに報道で耳にする『良い子でしたよ。挨拶もするし。小さいころは、わがままも言わないで、おとなしい子でしたよ』『あの子が？　信じられません』と口々に語る近隣者たち。ホームレスの方を死に至らしめた子どもたちは、塾通いの合間に継続して暴行を加え、何食わぬ顔で夕ご飯も食べていたらしい。学級崩壊は最近あまり話題に上らなくなったけれど、私の身近な複数の方々のお子さんが登校拒否（最近は不登校というのでしょうか）で悩んでおられます。全国で数十万人いるともいわれる引きこもりは、思春期を過ぎて青年期に入ってもなお引きずる心の病らしい。社会に出ても定職につかず、フリーターで日々を送る若者たちも増えているという。我が子にかぎってそんなことにならないと信じたい。これからは実力社会になるよと言われてはいるけれど、まだまだ学歴社会なのだから、やっぱり自分の子は（他の子より）賢くなってほしい。でも賢さってなんだろう。学校は週五日制に完全移行し、ゆとり教育が叫ばれる一方で、声高に子どもの学力低下が懸念されている。こうなるとやっぱり塾に通わせないとダメなのだろうか。しかも〝三歳からでは遅すぎる〟ともいわれるし」子どもを持つ親の心配はつきません。我が子の健やかな成長のために、私たち親は子どもに何をしてあげたらよいのでしょう。「お願いです。誰か教えてください」という心境だった十年前です。

私の上の男の子は四年間、下の女の子は六年間ここ生品保育園に通いました。子どもたちはここで文字はもちろんのこと、鼓笛や英会話も教えてもらいませんでした。その代わり、転んだ仲間を助ける思いやり、泣きたいほど辛くともみんなに遅れぬよう立ち上がる強い心、針に糸を通しての雑巾縫いや荒馬を最後まで仕上げる集中力と技、雪降る園庭をぞうりに半そで半ズボンで駆け回って遊ぶ健康でしなやかな体をもらいました。保護者である私たちはというと、毎日泥だらけの衣類の山をもらいました。また、運動会や納涼祭に参加してへとへとに疲れました。荒馬座やこんにゃく座を招いての文化事業を開催し、感激、感動しました。著名な外部講師による講演会を聴講して学ぶ機会を得ました。これらの他にも数々の行事があり、また役員会議や実行委員会議などもあって、夫婦共稼ぎだった我が家にとっては決して楽な保育園生活ではありませんでした。「毎日が戦いだったな」と、今では懐かしく思い起こしますが、決して苦しい戦いだったとは思っていません。この子たちはどんな人に育つのだろうか……と、子育てがとても楽しく、子育てにロマンが持てたのです。それは、生品保育園の「健康で健やかに育つ」保育理念と実践に起因すると思っていますが、ここでは親の目を通して、その理由を考えてみたいと思います。

●子どもと大人がいっしょに過ごす場

保護者が保育園に出かけていき、我が子とともに過ごす機会は年に何度かありますが、年度の最初はもちろん入園式です。ここでまずそのようすをお伝えしたいと思います。

最近はご両親が出席されるご家庭が増えたようで、入園式には大勢の大人と子どもが一同に会します。ちょっときれいな洋服を着た子どもたちと、こざっぱりしたスーツ姿の保育士さんたち。一年のうち、今日と卒園式だけに見られる光景かもしれません。在園児の保護者はというと、また一年がはじまるぞ、といった感じでしょうか、あちこちで井戸端会議が始まります。「おおわしの先生は絶対○○よね。つばめから持ち上がりだもの間違いないわよね」と、ひそひそ声も聞こえます。以前園長から、「生品保育園は担任を置くけれど、園児全員を保母全員で保育するように心がけています。だから、誰が担任だからといって、喜んだりがっかりしないでくださいね」といわれたことがあります。だとはいえ、何年かここに子どもを預けている親たちは、やっぱり自分の子を見てもらいたい先生がいるものです。おおわし組の場合は特に保護者が保育園行事に参加する機会も多いこともあるからです。

式は午前十時に始まります。在園児たちは保護者と登園して受付を済ませると、当然のように担任（だった）保育士さんに連れられてクラスごとに遊戯室の前のほうに集まっていきます。新入園の子どもたちも、式が始まるころには保育士さんに連れられてそれぞれのクラスの中に溶け込んでいきます。子どもたちの後ろに保護者が雑多に集まり、子どもも保護者もみんな落ち着きなくざわざわとしています。しばらくしてそこへ颯爽と来賓を導いて園長の登場です。園長に気づいた子どもたちの顔がぱっと輝いたように感じたのは気のせいでしょうか。開式のことばに続き園長の挨拶が始まります。

園長「は〜い、みなさんおはようございます」

子ども「おはようございまーす」

園長「はい元気にしていましたか。みんなは一つずつ大きくなりました。ひよこ組だった子はひばり組へ。ひばり組だった子ははと組。はと組さんは？」

子ども「つばめ〜」

園長「そうだよね。じゃあ、つばめさんは？」

子ども「おおわし～」

園長「そうだよね。みんな一つずつ大きくなったんだよね」

園長はそれから保護者へ挨拶。来賓祝辞、保護者会会長挨拶などお決まりの式が終わると、子どもたちが歌を歌います。新入園の親子は聞きなれない歌かもしれませんが、通いなれた保護者には馴染みのある歌です。子どもたちはそれぞれの成長・進級を誇るかのように元気よく歌いました。保育士さんたちも子どもたちの進級をお祝いして歌ってくれます。その後がいよいよ担任の発表。さて今年は……。

入園式が終わるとすぐにクラスごとに集まって一年間の大まかな行事予定、保育士さんからの保育方針などの説明があり、引き続きクラス懇談会のような話し合いがあります。おおわし組ではこの時、夏に行われる山合宿と冬のスキー合宿の引率保護者の募集があります。どちらも一泊二日で行なわれ、それぞれ十名くらい（子どもの人数割りで必要な大人の数が決まります）の保護者の参加が必要なのですが、毎年あっという間に決まってしまいます。じつは前年度のつばめ組の時から「来年の合宿は自分が行きたい」と、担任の保育士さんや園長へ保護者（お父さんが多いみたいです）が立候補したり、担任や園長から依頼されたりして、ここではその確認をするだけになっているからです。このように、父親が進んで、あるいは保育士さんや園長の依頼（お願い）に対して快く（潔く？）引き受ける雰囲気（伝統？）が、ここ生品保育園に集う大人たちの真骨頂なのだと思います。このことはこのおおわし組の夏と冬の合宿に限らず、さまざまな行事や会議などでもみてとることができるのですが、とにもかくにも、入園式を終えた子どもたちは、あこがれの一つ大きいクラスになって、早く遊びたそうにしています。

●大人が集う場

子どもといっしょに活動する機会が増え、そこに居場所を見出した大人たちは、子どもがいない場合でもそこに居場所を見出すことができるようになるのだと思います。それは、子どもを安心して託し、また子どもとともに過ごす時間をより楽しく有意義な時間とするために、大人たちだけの集いも大切と考えられるようになるからです。

大人たちだけが集う活動としては、各種役員会議や納涼祭や運動会の準備などの実行委員会議がまずあげられます。役員は各クラス（全五クラス）から数名ずつ選任されて十五人くらいで構成されています。役員の任期は規約上一年ですが、活動の引継ぎや継続性を勘案し、毎年三分の一から二分の一の役員さんが入れ替わるのが慣例となっているので、役員の平均在任期間は二～三年です。また、私の知る限り（ここ十二年以上）役員の三分の二はお父さんたちで構成されています。会議には園長と保育士さんたちが加わって通常夜七時から始まります。会長を中心に議事は進行しますが、ここが単なる情報伝達の場ではなく、お互いの意見（思い）の交換の場になっていることが大切です。主催元が保育園でも保護者会であっても、ここに集う大人たちが思いを述べる場があります。子どもたちのことを思う集いだから、子どもたちに対する思いのある大人の「居場所」があるのだと思っています。

勤労奉仕でもそんな大人たちが集います。保護者会では四月（勤労奉仕後には保護者会総会があります）と運動会前の九月に園庭整備を中心に奉仕作業を実施しています。作業は朝六時から二〜三時間ほどで終わるのですが、百人を超える大人たちが黙々と、和気藹々と、「泥山」の修復、園庭の整備、ガラス拭き、除草、ペンキ塗り、園舎の梁の埃払い、側溝掃除からとい掃除と、その専門性（大工さんや電気工事士さんなど）も存分に発揮しながら作業が進むのです。手持ち無沙汰にしている人はいません。ちょっと手空きのようすが見えると、園長やベテラン保育士さんや保護者会の役員から、「手空きのお父さん、遊具を運ぶのを手伝ってくださ〜い」「そこは五人くらいの人が残って、あとの人たちはあっちの整備をお願いしま〜す」と〝お願い・お助けコール〟が次々と発せられます。そんなことばに「おや、まだそんな仕事があったのか」とばかりに作業が絶え間なく進められていくのです。「まったく人使いが荒れ〜んだから、園長は」と言いながら保護者の一人が屋根に登っていきます。だけれど、その人の目は笑っています。そうなんです。こんな早朝から集まってくる大人たちは決して楽をしようなんて思っていないのです。出てきたからには精一杯動く準備が出来ています。園長がいつだったか言っていました。「私って〝おねだり〟上手?」。そうそう、子どもたちの生活する場をみんなで整備するのは当たり前なんですね。どこをどうしたら良いのかを伝えてくれさえすれば、保護者はいくらでもガンバッちゃうのです。「ここはこうしたほうがいいね」という保護者からの提案も、「そうですね、じゃあそうしてください」と保育士が応えてくれます。「○○さんお願い!」「がってん承知!」「こうしたらどうだろう?」「よろしくお願いします」。こんな「頼り」「頼られ」の関係が保護者の「居場所」を確かなものにしていくのです。各種企画の打ち上げの席や忘年会や新年会だって、認め合い、真剣に楽しく時間を共有してきた大人たちの交流の場だから、なおざりでない、大切な集いになるのだと思います。

●そして地域へ

生品保育園での保護者会活動を通じて知り合った大人たちが、一昨年、太鼓サークル「おやじ座」を旗揚げしました。生品保育園では文化を子どもたちに伝える活動に取り組んでいますが、中でも太鼓に関しては、専門家に講習を受けた保育士さんたち自らが子どもたちに演目を披露します。こういった活動を目前に見てきた保護者たちが、納涼祭など機会あるごとに園長や保育士さんから手ほどきを受け、子どもたちの前で演じてきました。こういった中、太鼓に魅せられた大人たちが集って結成されたのがおやじ座です。すでに卒園し生品保育園の保護者会員でない大人（おやじもおふくろもいますが）も含め、現在九人で活動を続けていますが、すでに保育園行事ではなくてはならない存在となっており、保育園以外の場でも積極的に活動を広げています。

ここ生品保育園における保護者会活動を通じて子どもたちの「健やかな育ち」について考えてきました。子どもを中心に、土や水や小動物をうまく利用しながら、子どもを取り巻く大人たちの協力関係を整えることが大切なのだと思います。では、「これから小学生、中学生になっていくわが子たち、大きくなるにしたがって大人の眼も思いも届きづらくなりがちになるわけですが、それでもこの子どもたちは健やかに育っていってくれるのでしょうか？」。この答えは容易には見出せませんが、ここに集う保護者たちは、ここ生品保育園での生活を糧に、子どもたちはこれからも健やかに成長するのだと信じたいのです。

生品保育園には学童保育所が併設されていて、午後からは小学生がいっしょに生活しています。中学校の家庭科実習で、ときどき中学生がやってきます。ここ数年、納涼祭へ中学生や高校生が参加してくれます。この他、生活文化発表会、外部講師による講演会や子育て支援活動など地域への貢献、情報発信を積極的に進めています。子どもの生活域である「地域」を巻き込んだ子育て活動の広がりが、文部科学省が唱えるまでもなく、とても大切なのだということでしょう。保護者会でこれらとどう向き合うかは今後の課題だと思います。ただ、今言えることは、ここで達成されている保護者会活動が、小学校、中学校のそれへと繋がっていないように思えとても残念だということです。

生品保育園に通う子どもたちは、ひよこのころから保育士さんといっしょによく散歩に出かけます。散歩先で出会う地域の方々の眼差し、触れ合いも大切な子育て環境です。地域の中で子どもが育つ。この意味を重く受けとめて、これからの保護者会活動、子育て活動を考えていきたいと思います。

●生品に出会えてよかった――子どもが産まれて、保育園に出逢って

「ねえ、生まれてよかった?」ともうすぐ五歳になる娘が自分の顔の真中を指差して言いました。「うん、よかったー。すごーくよかったー」と答えると、「ねえ、もっと言ってもっと!」と何度もジャンプしながら体いっぱい使って、生まれてきた喜びとその存在の大きさを私に見せつけます。キラキラしたその顔を見ているとこちらまで嬉しくなって、顔をもみくちゃにして抱きしめたくなります。

我が子が生まれて、早五年が経とうとしています。我が家の暮らしは、仕事の都合で、群馬と東京の往ったり来たりの落ち着きのない生活でした。娘がまだ寝たきりの赤ん坊の頃は打ち合わせにもひ

っぱり廻していましたが、はいはいを始めた頃、生品保育園に我が子を預けることにしました。訪ねた園長先生のお顔は満面の笑顔、今でもハッキリ覚えています。力強く、頼もしかったなあ。何屋と言ったらよいのか自分でもワカラナイ得体のしれない共働きデザイン業。ハッキリとしない未来、地に足がついていない私たち夫婦に比べて、そりゃあ頼もしく思えました。

それからがやっと私たち夫婦の大人への入り口でした。もう三十代に入っていましたのに……。子どもが保育園に行っている間にぐっと集中して働く。頭はぐんぐん働いて、成果はどんどん上がりました。それとともに困難も山ほどやって来ましたが、子どもの寝顔を見れば明日は頑張れました。安心して働けるということが、なんともありがたいことです。こういうことで社会というたくさんの人々に、私たちは支えられている。私たちも余裕を作って支え合わなきゃと実感させられました。

保育園で出逢う子どもたちにも、一人の社会の目であろう、一個人として付き合おうと心掛けるようにもなりました。自然に保育園から教えられたことかもしれません。

我が子が一歳半ばの頃、東京で通える保育園を探すことになりました。あちらこちら保育園を見て廻り、体験保育にも行ってみました。そこで初めて生品保育園が普通でないことに気がついたのです。お散歩は週に二、三日。たくさんあっていいでしょうと自慢そうに見せてくれた玩具の山。もうしっかり歯がはえて、カミカミするのが面白い頃の我が子に出された給食はポタージュスープとロールパンそしてよだれかけ。驚きでした。保育園によってこんなに違うとは思いもよらなかった。夕方お迎えまでは職員の都合でテレビを見せておく保育園もあるそうです。保育への思想の違いは大きいのです。

おむつを外してパンツになって、歯ごたえのあるものをしっかり噛んで、泥んこになって走り回り、登山に行ったり、天狗が出たり、踊ったり、歌ったり、創ったりはどの子もしていることではなかったのでした。仕方ないのかなあ、近くの保育園へ通わせるしかないのかなあ、生品保育園が東京にもあればいいのになあ、と保育事業の大切さ、生品保育園での五感に響く保育は貴重な体験なのだと深く認識したのでした。

我が子には、できれば一日を充実して過ごしてほしい。その日一日どう過ごしたか、お迎えに行って、顔を見た瞬間わかります。それから、保育園はしっかり選ばなくてはと探しました。保育事業は各地域での事業なので、認可園に二重で入園するのは無理なことが後から発覚。それに加え、目黒区には待機児童が多いことからすぐに、しかも隔週ごとになど預ってくれるところはありませんでした。しかたなく無認可園に入所することにしました。東大駒場保育所という東大駒場校の中にある小さな保育所です。でも、目黒区で私が見た認可園のどこよりも、無認可園であるこの保育所が一番素敵でした。

無認可には補助金が少なく、立派な遊具も園舎もない、でもそこにはしっかりとした思想と子どもたちにとって何が一番大切か本気で考えて下さっている先生方と父母の方々が居られました。また、認可園より保育事業に父母が関わる仕事や負担も大きいですし、時に無認可の抱える保育事業の問題と共に戦わねばならないのですが、共に子どもたちを育てようとする意識を持てたのもここのお陰でもあります。

たくさんの思想が混在している時代だからこそ、しっかり選びとって行く力が必要とされます。ですから、子どもたちにもしっかりメディヤを見抜く力を育ててやりたいと願っています。しっかり五感を使って、何かを作り上げる力はメディヤをしっかり見抜く力と同時に、訴えかける力にもなると考えています。

今、世の中では、虐待によって子どもが命を落としてしまうという悲しい出来事が頻繁に起こっています。その事件を起こした個人だけに問題があるのではなく、そうした社会の背景にこそ原因があると思います。私たちが子どもの頃は家族でごはんを食す、団欒ということはあまりに普通のことでしたが、コンビニエンスな時代にそれさえ、崩れかけている現在。家族でさえ崩壊しかけています。人と人との繋がりは、気迫そのものです。おせっかいでも、赤ん坊が変に泣いていれば声をかける。ちょっと勇気がいることかもしれないけど、今の私はできる。この五年の間に教えられたことです。事件はちょっとした人との繋がりで未然に防げることがたくさんあるはずです。子どもたちの未来に少しでも貢献したい。私にもできる小さなことから、と心掛けています。

子どもを持って初めて知ったこと、それまでもこれからも社会には子どもたちが存在しているということ。大人は忘れないようにしなくてはなりません。子どもは大人をしっかり見ていて、鏡のように映すのですから。

最後に、どの子にも経験させてあげたい、そう切に思う自慢できる保育、生品保育園に運良く出逢えて感謝しています。また、たくさんの方々に保育事業の大切さを知っていただける機会にこうして恵まれたことを一父母としても嬉しく思います。

子どもが小学校に入るまでにどちらかに落ち着かねば、がスローガンな我が家。ああやってみたり、こうやってみたりの試行錯誤な日々です。この頃、生品に行くことが少なくなってしまったけれど、まだまだよろしくおつき合い下さい、我が家にとってはもう大切な親戚のような存在なのです。

●親子最大のイベント納涼祭

親子がいっしょに保育園で過ごす最大のイベントは納涼祭です。「今年のおおわしの保護者は〝ねぶた〟を作るらしいよ」「え？　去年作ったじゃない？」「去年のは太鼓を乗せて引き回す〝だし〟だったでしょう。今年のはほら、津軽地方のお祭りにでる〝ね・ぶ・た〟らしいよ」「あの立体人形みたいなの？」夏の一大イベントである納涼祭は、子どもたちだけでなく、保護者も参加して楽しむお祭りです。保育士さんの指導を受けながらですが、本番の一ヶ月以上も前からクラスごとの出し物の練習が毎夜行われます（各クラスが週に一回練習すると、結局一週間毎日どこかのクラスが練習することになってしまいます）。練習はだいたい夜七時から九時ころまでなので、お父さんが参加するお家は、お母さんが家で子どもの面倒を見ます。おじいちゃんやおばあちゃんに預けて両親で参加するご家庭もあります。

七月中旬には、保護者会役員による企画会議が招集されて今年の内容について話し合われます。これにひばり組とはと組の保護者を加えた実行委員会が組織され、会場準備や当日の飲食物（焼き饅頭、やきとりやジュース他）販売の打ち合わせが行われます。そして本番。季節は夏。夕方というにはまだ明るい午後五時にスタートです。今年は保護者の同好会的に生まれた〝おやじ座〟の太鼓でスタートです。引き続き子どもたちの日頃の成果が見られるクラス出し物が、実行委員さんによって、午前中に組み立てられた舞台の上で披露されます。子どもたちの演技が終わるころには、あたりもだんだんと暗くなってきて、後半はいよいよ保護者の出番となります。寸劇や太鼓、荒馬踊りやロックソーランなどを次々に演じていきます。子どもたちは真剣な表情で保護者の演技に見入っています。これまでの練習の成果を存分に発揮した保護者は、息を切らしながら我が子に「どうだった?」と問いかけられるのです。

この日のために連日行ってきた練習は、仕事をもち、時間に追われながら生活する保護者にも子どもにも大きな負担になります。だけれど、苦労が大きければ達成感もまたひとしおです。「今年の納涼祭は今までで最高!」と毎年思うのですが、これは納涼祭の主役が着実に増えてきているからだと感じます。役員や実行委員が頑張るのではない、全員主役になれる納涼祭が実現されてきているからだと思います。

そこにいる一人ひとりに役目がある、「居場所」が準備されていることが大切なのだと思います。人は大人でも子どもでも「居場所」に集うのです。そこがいつも居心地が良いとは限らないのですが、居心地を良くしようとする行動が次の目標となって繋がっていくのではないでしょうか。保育園に出かけると、我が子以外の子のようすも見ることができます。「自分の子どもだけでない、生活を共にする仲間として保育園に通うすべての子どもたちのこと、保育士たちのようすも知ってほしい……」。これは園長から以前言われたことですが、さらに付け加えるなら、保護者同士も知り合うために保育園に集うのかもしれません。こうして、子どもたちを取り巻く大人の輪が作られ、子どもたちが安心して生活でき、ひいては健やかな成長を保障していくことになるのかもしれませんね。

●生活文化発表会　発表の場

子どもたちの成長をご家族の方々に見ていただくために、年間の行事に取り組んでいます。年度始め六月の保育参観を皮切りに、夏の納涼祭、秋の運動会、冬のクリスマス・祖父母参観などです。クリスマスの祖父母参観は、子どもたちの表現活動の発表の場です。孫をこよなく愛するおじいちゃん、おばあちゃんにおいでいただきます。

一人の子どもに父方、母方と四人そろって参観したり、遠く、横浜や、東京からこの日を楽しみに毎年足を運んでくださる方々もいます。あまり広くないお遊戯室は子どもたちと、おじいちゃん、おばあちゃんで十二月だというのに暖房もいらないくらいの熱気です。

小さい子どもたちの、お散歩の一コマや、言葉遊び絵本を使っての表現。お父さん方のカメラ、ビデオ撮影とは裏腹に、おじいちゃん、おばあちゃんたちは、子どもたちの一つひとつの動きに大きな拍手で会場をいっそう盛り上げてくださいます。

遊戯室で行っていた祖父母参観の表現活動は、両親も参観したいという希望もあり、全員はお遊戯室に入れないため、新田町の文化ホールで「生活文化発表会」として行うことにしました。千人収容の文化ホールは、関係者だけでほぼ満員になりました。

五歳児になるとそれはそれは見事な劇表現をしてくれます。場面、場面のイメージをクラス全体で話し合いながら共通理解をし、セリフもそのときの情景を考えながら、子どもたちの言葉で創り上げられます。だから、どの子も、どの役もできます。いろいろな葛藤はあっても演じたい役になるから、子どもの中に主役・脇役はありません。すべての子どもが主役です。

先に生まれ、生きているものとして、「文化」として、子どもたちに多くのことを伝え、導き、発見させるべく積み重ねてきた日々。飾ることなく、見栄を張ることなく、いつもどおりの他愛のない日であり、とても貴重な一日。それが「生活文化発表会」なのです。

運動会

生活文化発表会

夏だ
まつりだ
納涼祭

祭

I'm Going Down

祭

第Ⅴ章

生品の保育の基本

園長　栗原　志津恵

1 私たちの保育の現状

今、保育界は保護者の就労形態が多種多様になることにより、保育ニーズも同様になり、長時間保育に延長保育、一時預かり保育に休日保育、夜間保育に病後時保育と、ありとあらゆる保育サービスが求められています。生品保育園が開園したのはちょうど二十五年前ですが、当時の新田町生品は田舎で、三、四世代の同居、おじいちゃん、おばあちゃん、お父さん、お母さん、孫、ひ孫などという家庭もけっこうあり、保育園は親がめんどうを見てくれないかわいそうな子が行くところというような意識が地域の中にあった時代でした。私たちは、子どもは薄着で素足で育てたい、光鍛錬水鍛錬などといわれるように太陽の下で保育を進めていきたいと思っていました。ですから、太陽が出ていれば十一月くらいでもランニングとぞうりなんていう姿で散歩に出かけていたわけです。そうすると畑仕事をしているおばちゃんたちから、「あーあ、服も着せてもらえず、他人様に預けられてかわいそうな子だね」なんてよく言われたものです。しかし、それから四半世紀経ち、その間に核家族化、少子化・共働きが急速に進んでしまいました。今では新田町でも、就学

開園当初ころ近所を散歩中
桑畑が多くあった

前の就園率は保育園が非常に高くなっています。

そうした社会・生活の変化に対応するためということで、多くの保育サービスが打ち出されてきたと思うのですが、でもこれはいったい誰への保育サービスなのでしょうか？　親が見てくれないかわいそうな子と言われた時代でも保育時間は八時間で一日の三分の一でした。いつの間にか十一時間になってしまい、一日の約二分の一です。子どもは集団の中で群れを組んで、仲間を求めて生きていく動物であると思いますが、でも親や家族の暖かな愛情の中でも育たなければいけないのです。子どもは十時間の睡眠が必要だといわれています。そうすると極端な話、十一時間保育園にいる子どもはたった三時間しか、親や家族といっしょにいられないわけで、親も育てる時間がないということになります。

一方では、核家族化などによる育児不安や育児ストレスも増大し、マスコミなどの情報過多による育児のマニュアル化もますます進行しています。いとしい人と結婚し、かわいい子どもを授かったのにその我が子に触れ合い関われない。そういう形での保育サービスになっているといっても過言ではないと思います。保育サービスは本来育てるべき親にも必要ですが、健やかに育つ権利を持っている子どもにも当然ながら行われなければいけないと思うのです。では、延長保育などの保育サービス

役場「広報掲載写真」
昭和五十四年四月

が子どもにとって良い形になるにはどうしたらいいのでしょうか。
簡単に言えば、保育園で過ごしている我が子の姿をリアルに保護者自身が知っていられることが大切になるということです。保育者にとってはどれだけリアルに伝えられるかということが大事な仕事のひとつになると思うのです。

長い保育時間の中で子どもは感動すべき大切な一日一日を過ごしています。0歳児を例にとるとわかりやすいと思いますが、産休明けから入所してくると、初めてごろんと寝返りをしたときの瞬間、初めてずり這いをしておもちゃをとろうとしたときのあの目の輝き、つかまり立ちから恐る恐る手を離して、始めて一歩を踏み出したときのあの瞬間。本来我が子の成長を一番楽しみにしている保護者こそが見ていなければならない大切な瞬間、子育てを喜びと感じられる大切な瞬間が日々あるのです。残念ながらそれを見ることができない多くの働く保護者たちに、子育ての共有者としての保育者が、その喜びをともに見て、保護者もいっしょに体験したかのように伝えることで、保護者だけへの保育サービスと思われることが子どもへの保育サービスとなりうるのです。

なぜなら、子どもを持つ親たちは、おそらくどんな親でも、子どもといっしょにいたい、ずっとそばにいて成長を見届け、見守りたいと考え

第一回納涼祭
昭和五十四年七月

ている、と思います。しかし実際には仕事、残業に追われる中で、少なからず後ろめたさを感じていて、「こんな小さな子を残して仕事をしなくても……」と思いながらも現実はどうにもならない中にいる。そういう葛藤する思いがイライラやストレスになって、当たらなくてもいいところで子どもに当たってしまうことが多いのではないでしょうか。

どうにもならない現実は子育てを楽しくさせないし、かわいい我が子なのにそうは思えなくなってしまう。けれども子育て共有者である保育者が我が子の成長の軌跡を伝えることで、保護者は子どもの成長の喜びを家庭へ持ち帰ることができるのです。そして、食事のときや、寝るときのわずかな時間の中で保育園で起きたさまざまな感動の一コマ一コマを「○○ちゃんこうだったんだってね。よかったね」という形で子どもに語ることができるのです。それが保護者にとっても子どもにとっても明日への活力になります。これによってはじめて、保育サービスが保護者、子ども両者へ提供できることにつながると思っています。さらに言うと、こうしたていねいな伝えあいが、保護者と保育者の信頼関係を築くためにも大事なわけです。私たち保育者はお宅の大事なお子さんをこんなふうにみさせていただいているのです、ということを理解してもらうことにつながるわけです。

クリスマス会に中学生が参加
昭和五十四年十二月

保護者とのことでは少し付け加えておきたいのですが、よく保育の現場では「まったく、あの母さんは」とか、「お家でこうやればもっとこの子は」とか、「保育園でこんなにしているのに」という言葉を耳にします。確かにその通りのことは多いし、今の親たちの姿の中にはわがままで自分本位で、目に余るところもあるでしょう。しかし、私たちはどこまでいっても保育時間の中でしか子どもを見ことはできません。家にまで押し入っていくことはできないのです。ですから、生品では職員によく話すのですが、自分の仕事を親のせいにするな。私たちがお預かりしているそのときをその子が十分満足し楽しみ過ごすことができればそれがすべてであるのだと。その日々が積み重なり、「ああ、おもしろかった」「また、あした」と過ごしていければ、そのおもしろかった体験は明日への希望と意欲につながっていくのではないでしょうか。

保育は地道な仕事で、結果もすぐには出ません。あせらずにじっくり、ていねいに、時間をかけて取り組んでいくこと。目先の成長より五年先、十年先の子どもの成長を楽しみに日々を過ごすことが大切だと思っています。

第一期つばめぐみ夏合宿
昭和五十五年八月

2 生品の保育がめざすもの

保育園は子どもをよりよく育て、成長させる場所です。何もわからない、知らない真っ白な状態にある子どもを大きくさせる場所。言葉を獲得し、好き・嫌いを伝えられ、多い・少ないがわかり、善・悪の判断ができ、優しい心を持った思いやりのある人間に、動物を人間に育てる場所です。

生品保育園の保育目標は「豊かな遊びをとおしてたくましく健やかに育つ」です。

この豊かな遊びというなかには、子どもの生活すべてが入っていると言ってもいいと思います。なぜなら子どもは遊びのなかでこそ、育つものだからです。

では、どういう遊びのなかで、何が育っていくのでしょう。私は、保育者になる前の学生のときから、なんとなく子どもは手や足を思いっきり使って育ったほうがいいと思っていました。自分自身がそういう子ども時代を過ごしたことによるかもしれません。家が農家で、よく畑仕事を手伝っていたので、畑の泥で遊んでいました。ですから、「これをや

金山に登山

りなさい」と子どもに言っている自分の姿は想像できなかったのです。あとで、発達論を知り、手や足、口・目・耳などを突き出た大脳というのだと学びました。この突き出た大脳に多くの刺激を与えて、見た体験・やった体験・面白かった体験をできるだけ多くして日々を過ごすことが大事だと思っています。私たちの保育園では、泥遊び、水遊び、山登り（年長児になると赤城山ほか多くの山に登ります。もちろん平坦な道よりも坂道のほうが子どもの体の成長にいいと思っているからです）。散歩に、畑での野菜づくり、ザリガニつりや出かけた先でのみたて・つもり遊び。小さい子どもたちの感覚を育てるための、小麦粉や片栗粉に代表される感触遊び。感性や情操を育てられたらと行っている民族芸能や、本物のお芝居を観ること。跳び箱や、棒のぼり、草木染や縫い物など、数えあげたら限りがないくらい多くのことを、子どもたちとともに生活体験していきます。その中で子どもたちは、挫折することもあるけれども、できた喜びが自信となり、おもしろかった体験は次への意欲へとつながっていくのです。子どもは本来主体的であり能動的な存在です。

子育ての場面でよくこんな言葉を耳にします。「昨日も言ったでしょ、何度言ったらわかるのこの子は」いいえわからないのです。子どもは昨日に生きない動物、明日の希望に向かってのみ生きているのです。昨日

卒園式で挨拶する初代理事長
昭和五十六年三月

を振り返って反省するのは大人。だから繰り返し繰り返し同じことを、そのときその場所で伝えることが大事だと思っています。根気よく、辛抱強くです。

3 「子ども心」をいつまでも持つ保育者に

保育者にとって大切なこととして、よく「子どもの目線に立って、子どもの次元で考える」という言葉を耳にします。そうでしょうか？　最近私は「子どもになること」が必要なのではと思っています。でも私は、すでに三人の息子がいて、大人であり、母であり、妻でもあるわけで子どもにはなれません。けれども子どもになりたいと思っています。学生の時にルソーの『エミール』という本を読みました。その中に、その子にとって一番よい教師はその子どもと同じ年齢の大人だというようなことが書かれています。そのときは「無理だぁ。この人何言ってるの？」と思ったのですが、今はなんとなくわかる気がするのです。つまり、保育者は子ども心をいっぱい持っていることが大事なのではないでしょうか。それがよく言う子どもの気持ちに寄り添うことであり、子どもの次元に立つことなのかも知れませんが、私はあえてそうではなく「子ども

開園十周年記念時の理事

の心」にこだわりたいと思います。大人になっても子どもになっていっしょに遊びたいと心から思っているのです。私と子どもとの関係は生活共同体です。

4 ともに育ちを喜びあえる子育て共有者として

次に大切なのは保護者との関係です。

保護者はほんとうに百人いれば百人さまざま。生品保育園は百五十人の保育園児と百四十九人の学童児で世帯的には二百三十世帯ほどになります。その人たちは保育料を払い、私たちは報酬をいただき、この仕事をしているわけです。けれども保育、子育てとは機械を組み立てていくらという世界ではないし、これができたから何ぼという話でもありません。保育園での生活が需要と供給の関係にならずに、しっかりと子どもを中心において、保育園での役割は保育園で果たし、家庭での役割は家庭で果たしていただくことが大切ではないでしょうか。保護者と保育者の「共通体験」が多ければ多いほどその関係はうまくいくのだと思うのです。

生品保育園では、この忙しいのになどとお叱りを受けながらも、夏の

開園十周年記念行事での独楽回し

納涼祭には各クラスの保護者に出し物をしていただいています。毎年五月ごろ、クラス役員さんが中心になって、今年は何を子どもたちに見せようかという話をします。相談して何をするか決定すると今度は、練習をどんなふうにするかということを話し合い、納涼祭の前には毎日どこかのクラスが集まって保育園で練習します。当日はプログラムに沿って、子どもの出し物と保護者の出し物、もちろん職員の出し物もあって、真夏の夜を家族中で参加し、心から楽しめるようにしています。これも保護者とのコミュニケーションを作る大事な作業のひとつです。

いろいろ事情はあると思うのですが、仕事を終えてからの時間にほとんどの人が保育園に集まってきます。保育園は子どもを預かり保育するだけでなく、親の姿を子どもに見せていく場も作っていかなければいけないと思っています。おそらく今の社会の状況には逆行しているのかもしれません。でも外勤めが多くなり、子どもが親の背中を見て育つことができなくなっているのも現実です。せめて保育園で我が親が一生懸命に何かに打ち込んでいる姿を「記憶に残ろうと、残るまいと」子どもに伝えていきたい。大人は子どもの憧れの存在にもならなければいけないのです。

五期生の卒園式

5 地域への風がふくように

「小学校に行っても、直美、預かってくれないかなぁ」。卒園を控えた三月、ある保護者からの一言でした。第一期の卒園児を送り出してから、保護者から耳にすることは、「小学校に行ったら、逆上がりができなくなっちゃった。やたらと太っちゃった。お菓子ばっかり食べて、ご飯を食べない」そんなことばかりでした。もちろん、保育園での習慣のおかげで「靴下をはかない」と怒られたこともありましたが。

そんなこともあって、卒園後の子どもたちのことが気になっていた時期の一言でした。学生の時から、学童まで保育できたらと思っていたため、いつものように簡単に「いいよ」と返事をしたのです。とりあえず、事後報告ではありましたが役場の福祉課に、保育園の事務室で預かることを了解してもらい、昭和六十三年四月、学童保育が始まりました。「預かってくれない?」といわれた直美ちゃんと、現在職員である川田保育士の長女、由香ちゃんの二人を学童保育として預かることになりました。もちろん、専属の職員を置くことはできなかったので、事務室で園長が保育に当たりました。学校から「ただいま」と帰ってくると、事

中学生との交流保育
平成十五年五月

務室にランドセルを置いて、習い始めたひらがなの練習を始めます。保育園では文字指導をしていないため、初めて正しく学習した文字に対する興味は強いものがありました。誇らしげに、手に汗をかきながら、力が入りすぎて鉛筆の芯を何度も折りながらも、一年生のあの四角の升目のノートに一文字ずつていねいに書いていました。

学童保育の希望は年とともに増え続け、二十五㎡の事務室は子どもたちのランドセルが並びきれないほどになりました。応接間のない我が園でしたので、お客様が見えると「ごめーん、ちょっと、みんなお外行ってくれる?」なんてこともしばしばでした。そこで、駐車場として使っていた土地に、学童保育室を建てようと思い立ちました。当時は、法人で学童保育を運営することが許可されておらず、建設の許可を取るのにとても苦労をしました。群馬県の土木課の方に、「特例の、特例の、特例ですよ。当たり前にできたと思わないでください」と念を押されるように言われたのを、今でもはっきり覚えています。でも、許可がでればそれでいいのです。学童保育所は、暖かな木の香りのするログハウスもどき。「もどき」とは、ログハウスは丸太を使うのが正式ですが、我が学童は丸太の半分を使ったものだから。もちろん、お金がないから、です。しかし、木の香りのする学童保育室は、ランドセルも置けて、宿題

納涼祭に参加した卒園児たち
平成十六年七月

をするすわり机もあって、何よりも「どいてくれる？」とはだれにも言われません。当時の保護者と相談して、「もみのき学童保育所」と名づけました。ドイツ民謡の『あぁもみの木』の歌の歌詞がとてもいいということと、もみの木のように大きく育つようにという意味を込めてです。

卒園後の子どもたちの成長を保育園の保護者に見てもらいたいと思い、保育園の納涼祭や運動会に出場できる学童のためのプログラムも作りました。「小学校に行ったらあんなに成長するんだね」という言葉が聞こえてくるだろうと思ったのですが、大間違いでした。年長であるおおわし組の保護者からは、「子どもたちが目立たなくなっちゃう」「保育園の運動会なのか学童のなのかわからない」そんな声が出たのです。学童に通う子どもたちも、寄り道をして帰ってはいけないという学校の決まりのために、ほかの子から「何、保育園に入っちゃうん？　寄り道はいけないいんだー」なんてはやし立てられたりしていたのです。

そんな時代があったなんて今では考えられないくらい、学童の要望は増えました。保育園の南に造成された七百戸の瑞木団地の大きな影響もあり、平成十年度の申請を受け付けると、ログハウスもどきの八十二㎡の学童保育所に八十四名もの申請が出されました。

このままでは、ランドセルも置ききれなければ、おやつを食べるのに

子育て支援「すくすく郊外保育」のリズム遊び
平成十五六年六月

足の踏み場もないという状態が予想されました。近くにある農家の土地を譲っていただいて、申請の上がった子どもたちをすべて受け入れようと考え、今度建設する学童はバルコニーから、下校する子どもたちを迎えられるような建物にしたい、なんて夢も描きました。一方で、法人の抱えた問題とはいえ「すべて法人が責任をもたなければならないことだろうか？　地域の子どもは、行政にも責任を負う義務があるのでは？」ということも頭の隅をよぎらなかったわけではありません。しかし最終的には、自己資金で新しい学童保育所を建設する覚悟をもって、役場との折衝を始めたのです。

平成二年に学童保育所を建設したときとは、状況が大きく変わり、学童保育所の法人運営が許可され、「公設民営」という言葉もなじめるようになってきました。近隣市町村には、学童保育所を併設した児童館の運営を、法人が市町村からの受託事業としているという情報も得ました。新田町ではなかなか難しいと思いましたが、なんとか公設民営でできないか折衝を繰り返しました。新田町の総合計画に乗せること、議会での承認、土地の買収、建設費、運営と、抱えた問題は山積みでしたが、担当課の大きな理解を得て、なんとかなりそうな兆しが見えてきました。しかし、次に迎える四月にはとうてい間に合うわけがありません。そこ

「すくすく郊外保育」の受付
平成十五六年六月

で、児童館ができるまでの間は、生品小学校の行使室を無償で貸してもらうことを教育委員会に了解いただき、そこを「第二もみの木学童保育所」としてスタートすることにしました。

今度は、保護者に対して今までの経過と、これからのことを説明しなければなりません。夕方に緊急保護者会を招集しました。多くの保護者が集まり、私の説明を静かに聴いてくださいます。説明の後、保護者からは、保育園に併設されていることに多くのメリットがあるからこの団地に越してきたこと、第二に分かれてしまうことは希望していない、いままで園長一人で抱え込んでどうして何も話してくれなかったのか？私たちは今、何ができる？などという意見が、次々に出されました。結局、その日のうちに署名を集める話がまとまりました。それは、公設民営の学童を公費で持って建設してもらうという要望への取り組みでした。原稿は発言してくれたお母さんが考え、それぞれの保護者が署名を集め、役場、議会へ提出します。署名は二、三日の内に七百を超えて集まりました。議会へ提出するには十分な数でした。

こうして保育所に併設されたもみの木学童保育所は、第二もみの木学童保育所の設立と同時に児童館の運営をも始めることになったのです。申請を受けて保育する子と、不特定に遊びに来る子どもを同時に受ける

開園当初から子どもたちが遊びで使ってきたスコップ

ことによって、生品保育園ともみの木学童保育所の中で行われていた保育実践が外へ、地域へと広がりの一歩を歩みだすことになったのです。

平成十年に第二もみの木学童保育所を開設、平成十四年度には新田町からの受託事業として「新田町生品児童館・愛称ポラン」ができ、第二もみの木学童保育所は無償でお借りしていた講師室から児童館の中に移り、現在、一年生から六年生までの百四十九名の子どもたちが通所しています。

学童保育は、児童期の子どもたちを放課後保育する、かぎっ子対策だけに終わる事業ではなくなってきたと思います。地域に縦の集団がなくなったといわれて何年経つことでしょう。地域にガキ大将がいなくなったといわれて何年経ったことでしょう。ゲームが好きで、「友達と遊んでくる」と言いながら、ゲームの画面に向き合う子と、漫画本を読みふける子、それは今の子どもたちのお友達遊びなのでしょうか？　自分の世界を大切にし、周りの人たちに関心を持たないまま、体ばかり成長するのでほんとうに良いのでしょうか？

そこで、あるとき学童を卒所した中学生、高校生が遊びに来たときに言ってみました。「保育園の納涼祭に出てみない？」「何するん？」「沖縄エイサー、どう？」「いいよ」「みんなに言っといて」「わかった、い

園庭で船遊びに興じる学童児たち
平成十五年六月

つから練習？」。こんなふうにして、中学生、高校生になった卒園児が納涼祭で沖縄エイサーを踊ることになりました。約束の練習の日、あんなことを言いながら、その後の連絡もしていないし、ほんとうに子どもたちは練習に来るのだろうかと内心心配でしたが、子どもたちは続々と集まってきたのです。「保育園、こんな遊具（ハッグス社の総合遊具）作っちゃって、ずりいんなー」そんな感想を言いながら、汗びっしょりかいて練習に没頭する子どもたち。もちろん休憩の時間は携帯電話のメールに夢中だけれど。練習が終わっても、暗くなった園庭で鬼ごっこをしたり、バスケットをしたり、にぎやかな声と、声変わりをした男の子たちの声が響いていました。

卒園児のエイサーを見た保護者からは、「かっこいいんねぇー」「うちの子までずっと続けてねぇ」「何で中学生、高校生が保育園にこんなにくるん？　ふつう絶対来たくない年齢じゃないいいん」「保育園に何があるん？」。

子どもたちは、干渉されたくもないし、周りの人にも関心を示さない。そう感じられるように見えても、本当は、集団の中で育ち、群れを求めているのでは。その群れを作る仲間がいなくなっていることに悲しんでいるのではないだろうか。そしてそれは子育てをしている親たちや、お

保護者、荒馬座も参加して文化発表会の反省交流会
平成十六年二月

年寄りにも同じように言えるのではないのでしょうか。

大きなおせっかいかもしれないけれど、〝生品保育園から〟〝もみの木学童保育所から〟〝ポラン児童館から〟群れを作り出すエネルギーが沸き出て、ちょうど池の中に落とした小石の波紋が拡大していくように地域へと広がるようになれば、なんて素敵なことでしょう――。

事務室にて学童の子どもと

あとがき

生品保育園が新田町生品に産声を上げたのは、昭和五四年(一九七九年)四月のこと。それまで生品地区には幼稚園が一カ所あるのみで、働く母親たちに待ち望まれての開園でした。零歳から五歳児までの三七名と職員五人でのスタートでしたが、今は園児約百五十人職員も三十数人、学童保育も併設する大所帯になっています。

ここ数年の間に保育を取り巻く環境が様変わりしてきました。保育指針が指導から援助に変わり、福祉から保育サービス業へと変質し、企業などが保育園を経営する時代になっています。

しかし、保育という概念が変わっても生品保育園にはかたくなまでに大事にしてきた考え方があります。それは、子供が誕生し、首が据わり、はいはいをしてつかまり立ちをし、歩き出すその〝成長のみちすじ〟はいつの時代も変わらないということです。大人は子どもと共に遊びを共有し、おもしろく、おもいっきり遊びきる。仲間との笑顔の中で子どもは育ち、意欲をも発揮する。笑いも涙も一緒に体験する。どこまでも手を抜かずにやりとおす。その生活の積み重ねこそが成長のみちすじを保障し、〝子どもを育む有効な手だて〟だと私たちは考えているからです。

子どもの成長過程がいつの時代も不変であるように、遊びを大切にするという生品保育園の育児に対する姿勢もこのまま連綿と受け継がれていくことと思います。子どもを育てるのに大事にしなければならないことがころっと変わってしまう現状に、人類のこれまでの歴史はいったい何なのだ……、と疑問をもたざるをえません。

突き出た大脳と呼ばれる五感をしっかり育てたい……。転んでもすくっと立ち上がれる子を育てたい……。しなやかな心と体を持った子どもを育てたい……。自分の思いを持ち、伝えられる子どもに育てたい……。こんなに何でもできる子ってほんとうにいるのかしら？　と思うほど私の中の憧れの子ども像は膨らんできました。「こんな子どもに」と夢に描き憧れていた子ども像は、今にして思えば憧れの大人像であったのかもしれません。なぜなら、人は子ども時代を背負って大人になり、子ども時代を切り離して大人にはなれないからです。

二十五年を経て、こうして思い起こしてみると、ただただ多くの人に支えられ、続けてこれた二十五年だった……、と感謝の気持ちでいっぱいです。子育てに夢と憧れを持ち続けながら、前向きさを忘れず、謙虚さをもって「子どもたちのために」という思いを頑なまでに願いながらこの仕事を続けていきたいものです。

最後に本書の出版に当たり多くの方のご指導とご協力をいただきました。原稿書きのアドバイスから編集までを手がけてくださった名古屋龍司さん、写真家の川内松男さん、ひとなる書房さん、日々の保育の忙しい中なれない原稿書に追われた職員の仲間たちと保護者。こうした多くの方々の協力で本書が生みだされました。心から感謝申しあげます。

二〇〇四年十一月一日

栗原　志津恵（くりはら　しづえ）

生品《いくしな》保育園概要

社会福祉法人　育美会　　園　長　栗原　志津恵

厚生省認可……………………………………昭和54年2月13日
開　園……………………………………………昭和54年4月1日　定員90名
乳児保育開始…………………………………昭和59年4月1日
学童保育開始…………………………………昭和62年4月1日
障害児保育開始………………………………昭和62年7月1日
もみの木学童保育所設立…………………… 平成3年4月1日　定員30名
乳児室増築………………………………………平成8年4月1日
０～５歳…………………………………………定員120名
第２もみの木学童保育所開設………………平成10年4月1日　定員20名
ポラン（新田町生品児童館）受託事業……平成14年4月1日
第２もみの木学童保育所併設………………定員42名

《主筆者》
栗原　志津恵　生品保育園園長
佐藤　恭子　　生品保育園主任
川田　葉子　　生品保育園保育士
中澤　靖子　　生品保育園保育士
松崎　睦子　　生品保育園保育士
斎藤　めぐみ　生品保育園栄養士
坂庭　和美　　元職員保育士
新原　みゆき　元保護者
松崎　栄　　　元保護者会長

《写　真》
川内　松男（日本写真家協会会員）

社会福祉法人・育美会　生品保育園
〒370-0314
群馬県新田郡新田町市野井135-3
電 話　0276（57）0113
FAX　0276（57）0114

子どもが子どもを出しきるために
2004年12月10日　初版第1刷発行

著 者　栗原　志津恵＋生品保育園
写 真　川内　松男
発行者　名古屋　研一

発行所　（株）ひとなる書房
〒113-0033　東京都文京区本郷2-17-13
電 話　03（3811）1713
FAX　03（3811）1383
hitonaru@alles.or.jp

印刷・製本／中央精版株式会社
落丁本、乱丁本はお取り替えいたします
ISBN-4-89464-081-3C3037